Dorothea Potthoff

Vergänglich und unsterblich zwischen Rhein und Weser

Spaziergänge zu Grabstätten im Rheinland und in Westfalen

Neues Literaturkontor

Die Deutsche Bibliothek - CIP-Einheitsaufnahme

Potthoff, Dorothea:
Vergänglich und unsterblich zwischen Rhein und Weser : Spaziergänge zu Grabstätten im Rheinland und in Westfalen / Dorothea Potthoff. - Bielefeld ; Münster : Neues Literaturkontor, 1998
ISBN 3-920591-44-5

Landschaftsverband Westfalen-Lippe

Ministerium für Stadtentwicklung, Kultur und Sport des Landes Nordrhein-Westfalen NRW.

Gefördert durch das Ministerium für Stadtentwicklung, Kultur und Sport des Landes NRW und den Landschaftsverband Westfalen-Lippe

Lektorat: Neues Literaturkontor
Umschlag: Moritz Mielke/HDM
Fotos (außen): Archiv
Fotos (innen): Archiv (1), Mummendey (5), D.Potthoff (7), Ludger Potthoff (1), Stadt Bochum (1), Wentzler (1)
Druck und Bindung: AJZ-Druck GmbH, Bielefeld
Printed in Germany

ISBN 3-920591-44-5

Für Marie

Vorwort

»Meine Lieder werden leben, wenn ich längst entschwand«. Das Wort der westfälischen Dichterin Annette von Droste-Hülshoff könnte man als Leitlinie für dieses Buch über große Tote auf Friedhöfen im Rheinland und in Westfalen auffassen. Von Begegnungen mit der Unsterblichkeit soll hier erzählt werden, von Künstlern und anderen Persönlichkeiten, die - ganz im shakespearschen Sinne - durch ihr Leben und Werk unvergänglich sind. Und wo erfahren die Lebenden die Unsterblichkeit eines Menschen in einer schöneren Unmittelbarkeit als an seinem Grab?

Mitten in unseren lauten Großstädten gibt es Inseln der Ruhe: Den Reiz, der von den vielen, oft wunderschönen Friedhöfen ausgeht, kann man wohl erst nachempfinden, wenn man einmal bewußt über diese Begräbnisstätten schlendert. Auch wenn wir »zwischen Rhein und Weser« keinen Père Lachaise haben, auf dem ein »Rendezvous mit den Toten« (Heidi Wiese) stattfinden könnte, so lohnt sich zum Beispiel doch der Besuch auf dem Melaten-Friedhof in Köln oder auf dem Alten Friedhof in Bonn. Auch die parkähnlichen Anlagen der meisten rheinischen und westfälischen »Gottesäcker« bieten dem kulturhistorisch Interessierten eine Vielfalt möglicher Entdeckungen, laden zu Spaziergängen unter manchmal exotischen Bäumen ein, vorbei an bemerkenswerten Steinmetzarbeiten alter und neuer Sepulkralkultur. Und so kann man sich leicht faszinieren lassen von Grabstätten, die ganz unvermittelt vom Schicksal eines Verstorbenen erzählen und dabei zugleich Geschichte wieder lebendig werden lassen.

Begibt man sich auf die Suche nach bedeutenden Persönlichkeiten des Rheinlandes und Westfalens, so stellt man oft fest, daß viele große Geister, die diese Region hervorgebracht hat, nicht an den Orten ihrer Geburt und ihrer ersten Erfolge geblieben sind. So wurden zum Beispiel Gustaf Gründgens, Konrad Röntgen, Ferdinand Sauerbruch oder Else Lasker-Schüler fernab ihrer Heimat begraben.

Bei der großen Zahl von Persönlichkeiten, die eine Aufnahme in dieses Buch verdient hätten, stellt sich fast von selbst die Frage, wie es zu der vorliegenden Auswahl von Kapiteln gekommen ist. Es mag zunächst verwegen erscheinen, Jürgen von Manger neben Karl dem Großen oder Robert und Clara Schumann neben Alfred Krupp zu finden. Mein Ziel war es, exemplarisch einerseits Persönlichkeiten aus unterschiedlichen kulturellen und gesellschaftlichen Bereichen vorzustellen, andererseits die wesentlichen Zentren Westfalens und der Rheinlande zu berücksichtigen. Dabei sollte neben einigen dem Leser bereits Vertrauten auch mancher bislang nur selten oder noch gar nicht Portraitierte Erwähnung finden. Und auch innerhalb eines jeden der so entstandenen Abschnitte des Buches habe ich Schwerpunkte zu setzen versucht - die Kapitelüberschriften sind stets auch als Motto zu lesen.

*

Ich möchte einigen Personen für Anregungen und Unterstützung danken: Hans Dieter Mummendey, der dieses Buch von der ersten Idee bis zur Drucklegung begleitet hat; Waldemar Mauelshagen vom Musiktheater im Revier (Gelsenkirchen) für Informationen zu Jürgen von Manger; Angelika Gutzeit (Köln) und Werner Pöhling (Duisburg) für Informationen über Mercator; Lina Liesegang (Wuppertal), die mich auf prominente Tote aufmerksam gemacht und so die Spur zur Familie Von der Heydt gelegt hat; Sabine Fehlemann vom Von der Heydt-Museum Wuppertal für ihre Unterstützung des Buches und für Korrekturen; Walter Gödden, Friedel Thiekötter und Jürgen P. Wallmann (Münster) sowie Arthur Dell (Völlinghausen) für Gespräche und Informationen über Erwin Sylvanus; Roland Wenzler (Aachen) für die Dokumentation über den Aachener Dom und die Grabstätte Karl des Großen; Manuela Bergler (Bielefeld) für Korrekturen und Informationen über August Oetker. Und ich danke einem hier nicht Genannten für die kleine Erpressung, die mich dazu gebracht hat, irgendwann einen Punkt hinter das Manuskript zu setzen.

Dorothea Potthoff

Inhaltsverzeichnis

Viel mehr als das Lied der Deutschen...

August Heinrich Hoffmann von Fallersleben (1798-1874)

»Ein Männlein steht im Walde« oder »Alle Vöglein sind schon da« oder »Summ, summ, summ, Bienchen, summ herum«. Wer kennt sie nicht - diese melodiösen Volkslieder? Wer hat nicht in seinen Kindertagen »Winter ade! Scheiden tut weh« gesungen oder den Frühling mit folgenden Versen begrüßt: »Der Kuckuck und der Esel / die hatten einen Streit / wer wohl am besten sänge / zur schönen Maienzeit...« Und zu Weihnachten trällern wir noch heute »Morgen kommt der Weihnachtsmann...«

Nicht jeder, der mit diesen Liedern vertraut ist, wird sie dem Manne zuordnen, der uns heute fast ausschließlich als der Verfasser des Deutschlandliedes bekannt ist. Mehr als 500 Kinderlieder schuf Hoffmann von Fallersleben. Er schien dem Gemüt des Kindes und dessen Phantasiewelt auf wundersame Weise verbunden zu sein.

Aber wie läßt sich eine Brücke schlagen zwischen den Kinderliedern, den lyrischen Liebesdichtungen, seinen zum Teil fast sentimental anmutenden Romanzen und den politischen Werken, für die er im Jahre 1842 des Landes verwiesen wurde?

August Heinrich Hoffmann wurde am 2. April 1798 in Fallersleben (heute ein Ortsteil von Wolfsburg), dem Ort, den er sich später als Namenszusatz geben sollte, geboren. Als Sohn eines angesehenen Kaufmanns und Bürgermeisters genoß der Junge neben der Bürgerschule eine besonders gute Ausbildung durch einen Privatlehrer. Aber noch bevor er sechs Jahre als war, erlebte er die politischen Wirren jener Zeit hautnah mit. Der Beginn des 19. Jahrhunderts war charakterisiert durch große politische Umwälzungen, durch das allgemeine Chaos, das in Deutschland herrschte und noch lange kein Ende nehmen sollte.

Die Napoleonischen Kriege begannen, und der korsische Staatsmann ordnete Deutschland neu, um es pointiert auszudrücken. Auch das kleine, idyllische Städtchen Fallersleben erlebte tiefgreifende Veränderungen. So fiel es 1803 an Frankreich, zwei Jahre später an Preußen, 1810 dann gehörte es zu dem von Napoleon gegründeten Königreich Westfalen, und schließlich und endlich wurde es wieder preußisch. Der junge Hoffmann wuchs damit auf, ständig marschierenden Soldaten oder verwundeten und verstörten Heimkehrern zu begegnen. Die Schlachten waren oft so nah, daß er den Donner der Kanonen hören konnte, wenn er sein Ohr auf den Boden legte.

Im Jahre 1812 wurde er konfirmiert und besuchte für die kommenden zwei Jahre das Pädagogikum in Helmstedt. Hier begann er erstmals, wenn auch noch recht zaghaft und etwas unbeholfen, sich »poetisch auszusprechen«; er schrieb seine ersten Gedichte: »Dort wo fliegt der schwarze Rabe / Neben langen Wasen / Ruht auf grünem Rasen / Ein lockiger schöner Knabe«.

Mag es für Hoffmann hier relativ ruhig und beschaulich zugegangen sein, so tobten in Deutschland doch bald die nationalen Befreiungskriege, deren entscheidende Wende erst die bislang gewaltigste Schlacht der Weltgeschichte, die Völkerschlacht bei Leipzig, brachte. Die französische Herrschaft brach zusammen, und Napoleon wurde nach Elba verbannt. Im Jahre 1815, als mit dem Wiener Kongreß die alte Mächtekonstellation wiederhergestellt wurde und Österreich, Rußland und Preußen die »Heilige Allianz« schlossen, wechselte Hoffmann zum Gymnasium Katharineum nach Braunschweig, und ein Jahr darauf ging er nach Göttingen, um Theologie und klassische Philologie zu studieren. Während er jedoch dem Studium der Theologie wenig abgewinnen konnte, begeisterte er sich mehr und mehr für die Sprachlehre, für das Altertum und für antike Kunstwerke. Er lernte Griechisch und Latein, verehrte den Begründer der Archäologie Winckelmann und verbrachte unzählige Tage in der Bibliothek, um in alten Büchern zu stöbern und ganz in die Vergangenheit einzutauchen.

Erst im Jahre 1818, als ihn seine erste große Wanderung über Kassel führte und er dort Jacob Grimm, dem damaligen Bibliothekar des Kurfürsten, vorgestellt wurde, kam es zu einer Entscheidung, die sein weiteres Leben bestimmen sollte. Als der junge Studiosus dem großen Sprachforscher von seiner Begeisterung für das Altertum, von seiner Beschäftigung mit vergangener Kunst und Sprache erzählte, fragte dieser ihn überraschend: »Liegt Ihnen Ihr Vaterland nicht näher?« Die Beantwortung dieser Frage war für Hoffmann der Anstoß, seine Studienrichtung zu ändern und sich fortan der deutschen Sprache und Dichtung zuzuwenden. Nun begann er, sich der Literatur, der Kultur, den nationalen Eigenarten seines Volkes zu widmen.

Von einer Germanistik als Wissenschaft von der deutschen Sprache und Literatur, wie wir sie heute kennen, konnte damals noch lange nicht gesprochen werden. Man las und verehrte Goethe und Schiller, und an den Universitäten wurde das klassische Bildungsgut vermittelt. Erst nach und nach entwickelte man eine Art kulturelles Nationalgefühl. Als geistigen Vater dieser Bewegung kann man Herder betrachten, der mit seinen »Stimmen der Völker in Liedern« (1778/9 und 1807) und auch in den theoretischen Schriften immer wieder betonte, daß die Kunst stets auch für ein bestimmtes Volk charakteristisch sei, daß Literatur und Dichtung immer auch Spiegel der Seele einer Nation seien.

Die Romantiker griffen diese Gedanken als erste auf. Clemens Brentano und Achim von Arnim gaben »Des Knaben Wunderhorn«, eine Sammlung deutscher Volkslieder, heraus, Jacob und Wilhelm Grimms »Kinder- und Hausmärchen« erschienen, und Eichendorff knüpfte unter anderem mit seinem »Taugenichts« an volkstümliche Formen an. Aber auch im wissenschaftlichen Bereich wurde durch die Arbeiten der Gebrüder Grimm, so zum Beispiel durch die Veröffentlichung der »Deutschen Grammatik« oder des »Deutschen Wörterbuches«, diese Tendenz, einen Nationalcharakter zu etablieren, fortgesetzt.

Die politische Situation war jedoch nicht so, daß man dies ausschließlich als Errungenschaft würdigen wollte. Vielmehr gab es Gelehrte und Politiker, die solche »Rinnsteinphilologie« (der Begriff »Rinnsteinkunst« sollte leider ein Jahrhundert später in ähnlich diffamierender Weise auftauchen) mit sehr mißtrauischem Blick verfolgten. Sie betrachteten diese Arbeiten als patriotische Pamphlete gegen die Fürsten des zersplitterten Landes. Tatsächlich war durch den Wiener Kongreß zwar ein Friede nach außen gesichert worden, aber im Inneren gärte es. Das aufstrebende Bürgertum, vor allem aber Studenten formulierten immer lauter ihre Forderungen nach einem vereinten Nationalstaat.

Als Gesamtvertretung der Studenten von 14 deutschen Universitäten wurde am 18. Oktober 1818 die »Allgemeine Deutsche Burschenschaft« gegründet. Der Zusammenschluß der Studenten sollte als Vorbild für die Einigung der deutschen Nation gelten. Sie verstanden sich als intellektuelle Opposition gegen die politische Lage und kämpften in erster

Linie für die staatliche, wirtschaftliche und kirchliche Einheit Deutschlands. Die Denkschrift »Die Grundsätze und Beschlüsse des 18. Oktobers« formulierte ihr Programm. Bald aber sollten Taten folgen, die zwar demonstrativ und revolutionär waren, die jedoch als Ergebnis zunächst eher das Gegenteil bewirkten. Am 23. März 1819 ermordete der Theologiestudent Karl Ludwig Sand den konservativen Dramatiker August Friedrich von Kotzebue. Dieser stand im Verruf, ein Spitzel des russischen Zaren zu sein und sich wiederholt in seinem »Literarischen Wochenblatt« über die Ideen der Burschenschaftler lustig gemacht zu haben.

Für die Obrigkeit war dieser Mord Anlaß, endlich rigorose Maßnahmen gegen alle liberalen Köpfe zu ergreifen. Mit den Karlsbader Beschlüssen wurden acht Monate später die bis dahin schärfsten Gesetze gegen »demagogische Umtriebe« verabschiedet. Für die kommenden Jahrzehnte sollten die Universitäten, die Verlage und Schriftsteller und somit das Lesepublikum von der allgegenwärtigen Zensur kontrolliert und zum Teil hart sanktioniert werden.

Auch die ersten Veröffentlichungen des jungen Hoffmann von Fallersleben erschienen wohlweislich anonym in der Zeitschrift »Isis«. Von stilistisch vielleicht minderer Qualität, deuten sich in ihnen schon hier und da seine satirischen Hiebe gegen das Philistertum und gegen die Zustände in Deutschland an - Ironie und Kritik, wie wir sie später in den höchst politischen »Unpolitischen Liedern« in viel reiferer Qualität finden werden.

Zunächst jedoch wechselte er zur Universität nach Bonn. Gleichzeitig begannen seine »literarischen Reisen«, die ihn quer durch Deutschland und Westeuropa führen sollten und zeit seines Lebens quasi ein Bestandteil seiner philologischen Forschungen sein würden. Auf ausgedehnten Streifzügen traf er mit Hegel, Savigny, Achim und Bettina von Arnim, Eichendorff, Chamisso, Annette von Droste-Hülshoff zusammen, er begegnete Liberalen wie Karl Theodor Welcker, Karl Gutzkow oder Fritz Reuter und vielen weiteren politischen und geistigen Größen jener Zeit. Aber nicht nur diese bedeutenden Persönlichkeiten waren für den Studenten reizvoll. Mindestens ebenso wertvoll waren ihm die Begegnungen mit dem »einfachen Manne«, denn auf diese Weise konnte er die Mundart, die Lieder und Texte der jeweiligen Region sozusagen direkt an der Quelle erforschen. Zahlreiche Reisen führten ihn durch seine Heimat, aber auch nach Belgien, nach Schlesien und besonders oft in die Niederlande. Hoffmann sah seine Aufgabe als Philologe nicht nur darin, die Sprachentwicklung, also das Gotische, das Alt-, Mittel-, und Neuhochdeutsche in allen Mundarten nachzuzeichnen, sondern er erkundete ebenso die Literatur und die Kulturgeschichte sowie das Volkstümliche, die Sagen, Lieder und Märchen. Insbesondere widmete er sich der Sammlung und Erforschung des Volksliedes. Seine Bemühungen um Sprache, Volksüberlieferungen und Literatur sind durchaus von wissenschaftlicher Bedeutung, und viele seiner nicht-politischen Gedichte sowie seine Kinderlieder haben sich, wie gesagt, einen festen Platz im Volksmunde gesichert.

Denkt man heute jedoch an Hoffmann von Fallersleben, so fällt einem als erstes das Deutschlandlied ein. Wie kam jener volkstümliche Dichter und Forscher dazu, auf Helgoland das Lied zu schaffen, das in unserer Vergangenheit so oft chauvinistisch »mißbraucht« wurde?

Nachdem Hoffmann für seine wissenschaftlichen Arbeiten eine große Zahl von Auszeichnungen erhalten hatte und zum Ordentlichen Professor für Sprache und Literatur ernannt worden war, nachdem er in der Bibliothek von Valenciennes das als verschollen geglaubte »Ludwigslied« wiederentdeckt und publiziert hatte, widmete er sich neben seinen Reisen und der Arbeit als Bibliothekar in Breslau immer mehr der Veröffentlichung seiner politischen Gedichte.

In Deutschland wurde damals die soziale und politische Situation immer prekärer: Bornierte Zensoren strichen in jedem Text herum und »entschärften« jede Theateraufführung, eine Kommission zur Untersuchung von »revolutionären Umtrieben und demagogischen Verbindungen« wurde eingesetzt, und an den Universitäten fanden regelrechte Säuberungsaktionen statt. Es wurden Verfahren gegen liberale Intellektuelle wie zum Beispiel gegen den Philosophen und Theologen Friedrich Schleiermacher eingeleitet, die Schriftsteller des Jungen Deutschland erhielten Publikationsverbot, und Georg Büchner wurde sogar steckbrieflich »wegen Teilnahme an hochverräterischen Handlungen« gesucht. Auch Jacob und Wilhelm Grimm erhielten Berufsverbot - sie hatten gegen den Versuch, die Verfassung aufzuheben, protestiert. Der »Deutsche Bund« mit seinen 34 Erbmonarchien und seinen vier Stadtrepubliken unterdrückte gewaltsam jede Form der politischen Emanzipation.

Aber es ging längst nicht mehr nur um politische Freiheit und um die Einheit Deutschlands. Mit der stürmisch voranschreitenden Industriellen Revolution wuchs auch die Not des nun entstehenden Stadt- und Landproletariats; die soziale Frage trat in den Vordergrund. Hoffmann von Fallersleben konnte angesichts dieser Mißstände nicht mehr schweigen und stellte für sich fest:

> Je größer meine Teilnahme wurde an der Kenntnis der deutschen Zustände der Vergangenheit und Gegenwart, umso größer ward mein Drang, mich

poetisch darüber auszusprechen. Als ich einmal in die richtige Stimmung darüber hinein geraten war und den Ton gefunden hatte, der mir wirkungsvoll schien, da kamen die Lieder wie gerufen.

Er verfügte wohl nicht über den scharfen, treffsicheren Geist seines ehemaligen Bonner Kommilitonen Heinrich Heine; auch mag man die emphatische Glut wie in den Schriften Herweghs vermissen oder nach der üppigen Phantasie eines Freiligrath suchen. Aber auch ihn quälte der Gedanke, daß sich das deutsche Volk wie gelähmt seinem Schicksal ergab. Ähnlich wie in Büchners »Hessischem Landboten« wollte er nicht nur die Unterdrückung und Ausbeutung durch die Obrigkeit geißeln, sondern er klagte das Volk an, das sich gedankenlos und gefügig seinen Fürsten unterwarf, statt für seine Rechte zu kämpfen:

Nicht Mord, nicht Bann, nicht Kerker
Und Standrecht obendrein -
Es muß noch kommen stärker,
Wenn's soll von Wirkung sein

Ihr müßt zu Bettlern werden,
müßt verhungern allesamt,
...

Dann, dann vielleicht erwacht noch
In Euch ein neuer Geist,
Der Geist, der über Nacht noch
Euch hin zur Freiheit reißt.

1840 und 1841 erschienen im Verlag Hoffmann und Campe seine »Unpolitischen Lieder« in zwei Bänden. Die für damalige Verhältnisse sehr große Auflage von 12.000 Exemplaren fand reißenden Absatz. Und natürlich kam es, wie es kommen mußte: Wurden diese respektlosen Verse wegen ihrer »Verderblichen Richtung« zunächst in Breslau konfisziert, so unterband man bald in ganz Preußen den Vertrieb dieser Schriften und verfügte sogar ein Publikationsverbot für den Verlag. Einige Monate später verlor Hoffmann seine Professur an der Universität Breslau.

Seine politischen Lieder und Gedichte richten sich gegen die politische und soziale Wirklichkeit. Dabei sind sie schlicht in der Sprache und schließen oft mit witzigen Pointen. Ihre große Wirkung beruht allerdings auf schlagkräftigen Refrains, dem vertrauten unstilisierten Volkston und natürlich auf der Singbarkeit. Dies ist, wie man weiß, auch das Charakteristikum der populären Kinderlieder. Der Kontrast zwischen den zum Teil ernsten Melodien - Hoffmann griff geschickt auf bekannte Volksmelodien und Bänkelsang zurück - und den witzig-satirischen Texten war das Besondere und damit für die Obrigkeit das »Gefährliche« an Hoffmann von Fallersleben.

Im August 1841 weilte der Germanist auf Helgoland, das noch bis 1890 zu Großbritannien gehörten sollte. Hier, fernab von Spitzeln und Geheimpolizei, schrieb er das »Lied der Deutschen«. Sein Verleger Julius Campe veröffentlichte es mit der Melodie der Kaiserhymne Joseph Haydens »Gott erhalte Franz, den Kaiser«. Der Aufruf des Dichters, brüderlich zusammenzuhalten, sein Ruf nach Einigkeit und Recht und Freiheit, sein Erinnern an gemeinsame deutsche Werte und Ideale sind nicht nur ein Loblied auf die Heimat, sondern gleichzeitig Kritik und Protest, denn die Realität im zersplitterten und unterdrückten Deutschland sah ganz anders aus. Sein Aufruf, gemeinsam, mit »Herz und Hand« für einen geeinten Nationalstaat mit Bürgern, die ihre Rechte wahrnehmen, zu kämpfen, zieht sich durch die Verse dieses Deutschlandliedes.

Der von Hoffmann von Fallersleben geschaffene Text ist aus dem Bewußtsein der Deutschen nicht mehr zu verdrängen, seit der Reichspräsident Friedrich Ebert 1922 das »Lied der Deutschen« zur offiziellen Nationalhymne der ersten deutschen Republik erklärt hat. Leider wurde, wie die Geschichte zeigen sollte, der Text des liberalen Patrioten stets für extremere politische Zwecke uminterpretiert. In den chauvinistischen Begründungen der deutschen kulturellen, politischen und rassischen Überlegenheit gegenüber dem slawischen Osten und dem romanischen Westen wurde der Text unrühmlich mißinterpretiert, um den territorialen Machtanspruch Hitlers durch die Worte »Von der Maas bis an die Memel« zu rechtfertigen. Fast mag es wundern, daß trotz dieser problematischen Rezeptionsgeschichte das Lied nach dem Zweiten Weltkrieg im Jahre 1952 wieder zur Nationalhymne der Bundesrepublik Deutschland wurde - es überlebte bekanntlich mit dem Kompromiß, bei offiziellen Anlässen nur die dritte Strophe zu singen.

Doch nun zurück zum Dichter Hoffmann von Fallersleben. 1842 wurde er ohne Pension seines Amtes enthoben und des Landes verwiesen, er verließ Breslau und führte für viele Jahre ein unruhiges Wanderleben. Seine Reisen gingen unter anderem nach Heidelberg und Weimar, nach Böhmen, Mähren, Schlesien und immer wieder in die Niederlande, dorthin, wo man ihn wegen seiner Erforschung der alten niederländischen Sprache und Dichtung überaus verehrte. Kurz nach den revolutionären Unruhen im Jahre 1849 heiratete er mit 51 Jahren seine 18jährige Nichte Ida Zum Berge. In vielen Liedern und Liebesgedichten brachte Hoffmann sein Glück zum Ausdruck. Er jubelte:

O glücklich, wer ein Herz gefunden,
Das nur in Liebe denkt und sinnt

Und mit der Liebe treu verbunden
Sein schönres Leben erst beginnt!

Das jungvermählte Paar setzte das unstete Leben fort. Sie siedelten nach Bingerbrück und ein Jahr später nach Neuwied über, dann im Jahre 1854 nach Weimar, wo Hoffmann zusammen mit Oskar Schade das Weimarische »Jahrbuch für deutsche Sprache, Literatur und Kunst« herausgab. Sein Sohn Franz wurde geboren.

Aber erst im Jahre 1860 kehrte Ruhe in das Leben des Dichters ein, als er eine Anstellung als Bibliothekar beim Herzog von Ratibor in Corvey annahm. Hier, in der Nähe von Höxter übernahm er die Aufgabe, die Bibliothek, die aus circa 70.000 Bänden bestand und heute als eine der größten und ältesten Privatbibliotheken Deutschlands gilt, zu ordnen und zu katalogisieren. Mit diesem Amt hatte er nicht nur ein gesichertes Einkommen für sich und seine Familie, sondern auch eine Wohnung im Schloß und völlig freie Hand bei seiner Arbeit. Hoffmann genoß diese für ihn ungewohnte Idylle und hatte neben seinen Pflichten noch ausreichend Zeit, eigene Werke zu verfassen. So erschien eine Sammlung von Kinderliedern unter dem Titel »Die Vier Jahreszeiten«, er überarbeitete seine »Deutschen Gesellschaftslieder des 16. und 17. Jahrhunderts« und veröffentlichte eine Biographie des katholischen Kirchenliedes.

Diese Ruhe und Zufriedenheit sollte jedoch nicht lange währen. Bereits ein halbes Jahr später, im Oktober 1860, starb seine geliebte Frau Ida nach der Geburt eines toten Kindes. Während zwei Schwägerinnen sich um seinen Sohn und um den Haushalt kümmerten, vergrub sich der verzweifelte Dichter in seine Arbeit. In Corvey entstand seine sechsbändige Autobiographie - ein Werk voller Erinnerungen und voller Details seines unruhigen Lebens.

Als im Jahre 1868 »Mein Leben« erschien, war Hoffmann bereits müde geworden. Der große, breitschultrige Greis wurde von Rheuma geplagt und zog sich immer mehr in die ruhige Behaglichkeit der alten Abtei zurück. Er dichtete jedoch bis zu seinem Lebensende. So schrieb er für einen verstorbenen Freund die Zeilen:

> Was uns von Jugend an verband,
> der höchste Wunsch hienieden:
> ein einig freies Vaterland,
> ward endlich uns beschieden.

Hoffmann von Fallersleben hatte die Gründung des Deutschen Reiches und die Kaiserproklamation im Jahre 1871 noch miterlebt. Sein größter politischer Wunsch, ein vereintes, freies Deutschland, war in Erfüllung gegangen, auch wenn sich bald zeigen sollte, daß Freiheit und Recht im Reiche Kaiser Wilhelms I. nur relative Begriffe waren.

Aber dies sollte Hoffmann von Fallersleben nicht mehr mit allen Konsequenzen erfahren. Nach zwei Schlaganfällen starb der Gelehrte und Dichter am 19. Januar 1874 in Corvey. An der Seite seiner Frau Ida wurde er auf dem Klosterfriedhof neben der Stiftskirche zu Corvey beigesetzt.

Begibt man sich heute bei einem Ausflug oder anläßlich einer Tagung zu dieser gepflegten Anlage unweit der Weser, so scheint sich dort, abgesehen von einem Kiosk, einem Restaurant und dem Parkplatz nichts verändert zu haben. Die ehemalige Benediktinerabtei, einst Ausgangspunkt der Missionierung des deutschen und skandinavischen Nordens, war nach dem 30jährigen Krieg duch einen großzügigen Gebäudekomplex ersetzt worden. Nachdem das Kloster 1803 säkularisiert worden war, wandelte Landgraf Viktor Amadeus von Hessen Rothenburg es in ein Schloß um. Die 90

Meter lange, zum Park hin gelegene Nordfront der barocken Anlage steht in schönem Gegensatz zur Klosterkirche, deren sogenanntes Westwerk das älteste noch erhaltene Baudenkmal des frühen Mittelalters in Westfalen ist. Unverändert ist auch die berühmte, wertvolle Bibliothek im Nordflügel des Schlosses - der Ort, an dem Hoffmann von Fallersleben in den letzten 14 Jahren seines Lebens wohl die meiste Zeit verbracht hat.

Auf der Suche nach einem »Mittel, um nicht verliebt zu werden«

Fürstin Amalia von Gallitzin (1748-1806)

> Goethe, der einzige der berühmten Männer, der mich als Mensch wahrlich begeisterte und mein Herz berührt hatte, gab mir den schmeichelhaften Anlaß, in Correspondenz mit ihm zu treten, indem er mir nach meiner Rückkehr schrieb, ich allein hätte den Schlüssel seines lange verschlossenen Herzens gefunden, mir möchte er sich ganz öffnen, nach meinem gegenseitigen Vertrauen verlange ihn.

So schrieb Amalia von Gallitzin 1785 nach der ersten Begegnung mit Goethe in ihr Tagebuch. Daß es ihm nicht nur um ihr Vertrauen ging, konnte sich die Fürstin trotz ihrer großen Bewunderung für den genialen Dichter wohl denken. Außerdem sprach alle Welt von Charlotte von Stein. Trotzdem kämpfte Amalia mehrere Monate mit sich und konnte sich nicht zu einer Reaktion entschließen. Da sie jedoch, wie sie später in ihrem Tagebuch notierte, zuviel »Beschäftigung für ihr Herz« befürchtete, blieb sie stumm und zurückhaltend, obwohl sie sich auch eingestehen mußte, sie »habe sehr gut von Goethe geträumt«.

Der Dichter der »Iphigenie« und des »Götz« liebte, wie man weiß, die Frauen, doch mußte er die Zurückweisung hinnehmen. Trotzdem oder gerade deshalb bewahrte er sich seine Hochachtung und schrieb an Jacobi: »Sie hat eine kostbare Seele, und es gibt mich nicht Wunder, daß sie die Menschen so anzieht.«

Was machte Adelheid Amalia von Gallitzin so anziehend? Sie war hübsch und doch keine Schönheit, eher zu kräftig von Gestalt und in ihren Gesichtszügen etwas männlich. Und sie war beileibe kein typisches Frauenzimmer, das ihre Rolle als aristokratische Dame gesellschaftlich korrekt ausfüllte. Im Gegenteil: Sie war wißbegierig und nahm leidenschaftlich teil an allen geistigen Strömungen der Zeit, aber sie war auch eigenwillig und lebte getrennt von ihrem Mann. Die beiden Kinder zog sie allein auf. Skandalös mußte es auch für einige Zeitgenossen wirken, sie mit den Kindern Sport treiben zu sehen und stets ältere, gescheite Männer um sich zu scharen. Zudem verzichtete sie auf die obligatorische gepuderte Perücke - ganz im Sinne von Rousseaus »Zurück zur Natur«. Auch Karoline Michaelis, die Ehefrau von August Wilhelm von Schlegel und spätere Gattin Schellings, kritisierte einen Mangel an Weiblichkeit. Amalia vernachlässige den Ehemann, und ihre Kinder liefen gar barfuß, einfach gekleidet und »schwarz wie die Neger«.

Dabei hatte Amalias Mutter, die in zweiter Ehe den bekannten Feldmarschall Samuel Graf von Schmettau geheiratet hatte, doch alles versucht, eine wohlanständige, angepaßte Dame und spätere Ehefrau aus ihr zu machen: Amalia von Schmettau wurde am 28. August 1748 in Berlin geboren. Als sie im Alter von drei Jahren ihren Vater verlor, wurde das Mädchen recht bald in das strenge Ursulinenkloster ins katholische Schlesien geschickt, während ihre beiden Brüder in einer Ritterakademie in Brandenburg für den Heeres- und Staatsdienst ausgebildet wurden - ganz so, wie es für junge Adelige angemessen war. Mit 13 Jahren kam das junge Mädchen wieder zurück nach Berlin, und es lernte dort all das, was für eine junge Dame ihrer Position wichtig war: französische Konversation, Musik, Gesang,

Instrumentenspiel und Tanz. Der Kontakt mit ihrer Mutter beschränkte sich in diesen Jahren fast ausschließlich auf den gemeinsamen sonntäglichen Kirchgang.

Mit Besorgnis sah Maria Johanna von Schmettau allerdings in die Zukunft. Die Tochter mußte schließlich standesgemäß verheiratet und versorgt werden. Mit einer verlockenden Mitgift konnte sie leider nicht werben. Dazu kam, daß Amalia zwar protestantisch getauft, aber katholisch erzogen worden war und somit damals kaum Chancen hatte, in den preußischen Adel einzuheiraten. Aussichtsreich erschien ihr jedoch die Perspektive, das Mädchen am Hofe des Prinzen Ferdinand zu beschäftigen - als Hofdame der Prinzessin Luise.

Die Zeit am Hofe war für Amalia, die sich durch die Lektüre französischer Romane ein romantisch-schwärmerisches Bild von Liebe, Treue und Freundschaft gemacht hatte, furchtbar desillusionierend. Sie geriet in den Sog von Lügen, Tratsch und degoutanten amourösen Abenteuern. Empört lehnte sie sich dagegen auf, mit ihrem Namen diverse Intrigen zu decken. Unglücklich und isoliert verbrachte sie dort viele Monate, bis sie auf einer Badereise in Aachen im Sommer 1768 den russischen Fürsten Dimitri Alexejewitsch von Gallitzin kennenlernte. Die Aufregung am Hofe war groß, als der weltgewandte Diplomat, der galante und gebildete Kunstkenner um die Hand der Hofdame anhielt. Überrascht und geschmeichelt nahm die Zwanzigjährige den Antrag an - zumal sie es als die einzige Möglichkeit ansah, der demütigenden Situation am Hofe zu entfliehen. Er, so hoffte sie, würde ihren brennenden Eifer, ihr Streben nach Erkenntnis und Wissen teilen und fördern. Und schließlich erwartete man auch von einer noch so eigenwilligen und wissensdurstigen Frau eine Verehelichung.

Amalia hatte viele Bücher über die Liebe, über die vollkommene und erfüllende Zuneigung zwischen Mann und Frau gelesen. Romantisch, liebevoll und beglückend sollte es sein, und doch war die junge Braut unsicher. Über die Hochzeitsnacht und die körperliche Liebe wußte sie nichts. Nervös wartete sie am Tage ihrer Hochzeit, am 14. August 1768 auf das, was da kommen sollte, blickte der »Stunde ihrer Hingabe mit großer Erwartung entgegen als der Erfüllung eines hohen Schicksals«.

Nun war Dimitri zwar überaus liebevoll und höflich zu ihr, überschüttete sie mit Geschenken und Zärtlichkeiten, aber die Nacht wurde für die ahnungslose, nicht aufgeklärte Frau zu einer Katastrophe. *So* hatte sie sich das nicht vorgestellt. Entsetzt und verschreckt floh sie gegen vier Uhr morgens aus dem Brautgemach zurück an den Hof. Dort jedoch fand sie natürlich keinen Trost. Amüsiert schüttelte man nur den Kopf und klärte sie über ihre »ehelichen Pflichten« auf. Ihr blieb keine andere Wahl, als sich gegen Mittag zurück zum Haus des Fürsten begleiten zu lassen. Sie wußte nun, sie würde mit ihrem Ehemann leben müssen. Es gab auch keinen Grund, ihn als Mensch nicht zu mögen, aber das körperliche Zusammensein blieb ihr ein Greuel. Die einzige Lösung war, so wenig wie möglich mit ihm allein zu sein. Dies ließ sich auch zuweilen gut einrichten, denn die gesellschaftlichen Pflichten nahmen die beiden sehr in Anspruch. Zunächst reiste das junge Paar zwei Jahre lang - von Aachen nach Wien, Prag, Dresden und Berlin; weiter ging es nach St. Petersburg, wo Amalia die Kaiserin Katharina kennenlernte. Zu Rußland, dem Heimatland ihres Mannes, hat die Fürstin allerdings zeit ihres Lebens nie eine Beziehung gewonnen. Als Dimitri zum Botschafter in Den Haag berufen wurde, zogen sie in die Niederlande. Auf der Reise wurde die Tochter Marianne, Mimi genannt, geboren.

Hier in Den Haag war sie zunächst zufrieden und ausgeglichen. In dem vornehmen Palais, in dem sie wohnten, gab sie Empfänge, begegnete feinen, gebildeten Menschen und freute sich, daß man ihren Geist, ihre Liebenswürdigkeit und ihr musikalisches Talent pries. Zudem hatte sie Gelegenheit zu intensiven philosophischen Studien und geistigen Auseinandersetzungen. Als eines Tages der französische Philosoph Denis Diderot, einer der engsten Freunde des Fürsten von Gallitzin, auf der Durchreise nach St. Petersburg in ihrem Hause weilte, war er von der jungen Fürstin überaus beeindruckt. In einem Brief beschreibt er später Amalia als warmherzige, lebhafte, geistreiche und belesene Frau. Aber er notiert auch: »Sie ist äußert empfindsam, fast ein wenig zu sehr, um glücklich zu sein.«

Tatsächlich waren die Freude und die innere Ruhe, die sie in ihrem neuen Leben als Diplomatengattin fand, nicht von Dauer. Das gesellschaftliche Treiben und ihre beiden Kinder - im Dezember 1770 war der Sohn Dimitri (Mitri genannt) geboren worden - konnten ihr Leben nicht ausfüllen. Und so zog sie sich in das einfache Landhaus in der Nähe Den Haags zurück. In »Niethus« (»Nicht zu Hause«), wie sie ihr kleines Refugium nannte, blieb sie mit den Kindern und empfing nur enge Freunde. Eine räumliche Trennung von ihrem Mann, den sie mehr und mehr als unsensibel empfand, schien ihr die einzige Möglichkeit, ihr eigenes Leben zu führen. Hier konnte sie ihre Gesprächspartner und Lehrer selbst bestimmen, hier fand sie Harmonie und, fernab von der großen Gesellschaft, ausreichend Ruhe, um ihre Fähigkeiten auszubilden, und hier vermochte *sie* sich um die Kinder zu kümmern. Sie selber, nicht das Dienstpersonal, würde nun ihre Erziehung übernehmen.

Amalia lernte Griechisch, Mathematik und Geschichte, genoß die Einsamkeit und die Nähe zu ihren Kindern. Ihre

Zufriedenheit und die Festigung ihrer Persönlichkeit gingen zwangsläufig einher mit einer zunehmenden Entfremdung von ihrem Mann und all ihren früheren Bindungen und Verpflichtungen. Während Dimitri von Gallitzin seine Frau - man vermag nicht zu beurteilen, ob resigniert oder gleichgültig - gewähren ließ, hatte die aristrokratische Gesellschaft wieder einmal einen Skandal. Wie konnte eine verheiratete Frau ihre eigene Bildung, ihren »Heißhunger des Geistes« höher schätzen als ihre gesellschaftlichen Pflichten und ihre Aufgabe als Ehefrau? War sie etwa auch so eine wie die Blue Stockings aus England? Und wie sollte man diese wachsende enge Beziehung zu ihrem Lehrer Hemsterhuis verstehen?

Frans Hemsterhuis (1721-1790), der feinsinnige niederländische Gelehrte und Staatsbeamte, war fast doppelt so alt wie seine wißbegierige Schülerin. Amalia schwärmte für diesen Mann, der sich in allen Wissenschaften auszukennen schien, der die Lehren Sokrates' und Platos für sich entdeckt hatte und dessen Schriften so sehr mit ihrer Weltanschauung verwandt waren. Er wurde zu ihrem geistigen Partner, zu ihrem Freund und Lehrer und zum Miterzieher der Kinder. Trotz der fast täglichen Begegnungen schrieben sie sich unzählige Briefe. Darin nannte sie ihn Sokrates und er sie Diotima - nach der Frau, die Sokrates die Liebe gelehrt hat. Amalia war glücklich und erklärte: »Mein Freund, ich liebe Sie. Sie machen einen wesentlichen Teil meines Glücks aus.« Zum ersten Mal empfand sie tiefe Freundschaft, fühlte sich verstanden und aufgehoben.

Amalia war zufrieden. Es war ihr gelungen, das Ideal einer rein geistigen Liebe zu verwirklichen, einer Beziehung, die ihr unendlich mehr wert war als die ihr vorgeschriebene Lebensweise einer Ehe. Und Hemsterhuis hatte gelobt, für immer in ihrer Nähe zu sein. Dies war jedoch ein Versprechen, von dem Amalia ihn schon bald entbinden würde.

Die rastlose Frau sollte nämlich einen Mann kennenlernen, der ihr noch wichtiger wurde als Hemsterhuis: Im Fürstentum Münster erschien 1776 die berühmt gewordene »Verordnung die Lehrart in den unteren Schulen des Hochstifts Münster betreffend«. Der Generalvikar und Minister Franz Freiherr von Fürstenberg (1729-1810) hatte mit dieser Schrift einen ersten Versuch unternommen, der Erziehung und Kultur Westfalens neue Impulse zu geben. Dieser Mann schickte sich an, eine Stadt, die nach dem siebenjährigen Krieg in vieler Hinsicht nun völlig desolat war, aufzubauen und kulturell zu entwickeln. Die Neuordnung des Bildungswesens war dabei eines seiner vorrangigen Anliegen. Er gründete die Universität Münster, die 1780 konstituiert wurde, und mit seiner neuen Schulordnung erregte er bald über die Grenzen Westfalens hinaus große Bewunderung. Fürstenberg ging es nicht um eine bloße Anhäufung von Wissen, sondern um die Ausbildung des Geistes, um die Fähigkeit, rational im Sinne der Aufklärung zu denken und gleichzeitig unter Bewahrung des christlichen Glaubens zu leben.

Hemsterhuis hatte von Fürstenberg ein Exemplar der neuen Schulordnung bekommen und leitete, da er von den pädagogischen Interessen seiner Freundin Amalia wußte, die Schrift an sie weiter. Wohl unbeabsichtigt bahnte er somit die Verbindung zu Münster und Fürstenberg an. Die Fürstin war, so schrieb Hemsterhuis, »von der Tiefe, der Wahrheit und dem außerordentlichen Nutzen dieser Abhandlung überrascht«. Nachdem sie die Verordnung ins Französische übersetzt hatte, begab sie sich, begleitet von Hemsterhuis, nach Westfalen. Diese und bald darauf eine zweite Begegnung mit Fürstenberg waren so folgenreich, daß sie 1779 beschloß, mit ihren Kindern nach Münster zu ziehen. Natürlich waren es nicht nur die pädagogischen Einrichtungen der Stadt und die neuen Ausbildungsmöglichkeiten für ihre Kinder, sondern vielmehr die Persönlichkeit Fürstenbergs, die sie zutiefst beeindruckte. Er war für sie ein Ideal, er verwirklichte all ihre eigenen Ideen aufs glücklichste. Hatte sie noch eben in Erwägung gezogen, ihr Erziehungswerk in der Schweiz fortzusetzen, so entschloß sie sich nun spontan zur Übersiedlung nach Münster. Ihre Ehe blieb nur noch eine gesellschaftliche Einrichtung, und Dimitri kam von nun an nur noch im Sommer zu Besuch - manchmal eher geduldet als erwünscht.

Die Freundschaft zu Fürstenberg war ein eigenartiges geistiges und ebenso höchst persönliches Verhältnis. Unzählige, sprachlich wunderschöne Briefe sind uns heute als geistesgeschichtliche Dokumente erhalten und zeugen von einer beeindruckenden Verbindung. In diesem Briefwechsel - zunächst noch in Französisch, später dann in Deutsch - geht es um philosophische und religiöse Lebensfragen, um die Erziehung der Kinder, aber auch um die Bedeutung der beiden füreinander. Amalias Briefe sind enthusiastisch, rückhaltlos. Offen gesteht sie ihm ihre (geistige) Liebe, bemüht sich um ihn - wohlwissend, daß er durch kirchliche Weihen einigen weltlichen Genüssen abgeschworen hatte und zudem (nicht natürlicherweise) ein überzeugter Christ war. Als Fürstenberg etwas verwundert ob dieser wundersamen Werbung, aber doch voller Zuneigung der Verbindung zustimmte, war Amalia überglücklich. Ganz die Seine wolle sie fortan sein, und er werde nun ganz der Ihrige.

Ihre Briefe zeugen von Bewunderung und Respekt, aber sie sind auch von einer überraschenden Zärtlichkeit. So schreibt sie:

> Guten Morgen, mein lieber Franz; ich habe dich recht lieb; wenn ich dich hier hätte, wollte ich dich so an mein Herz drücken, daß du es mit Leib und Seele fühlen solltest, wie ich dich liebe.

Ähnlich auch die Worte Fürstenbergs, wenn er schreibt:

> Mir scheint, daß ich dich heute mehr liebe als gestern abend. Daß ich dich mehr liebe als am Abend zuvor, daß ich dich heute mehr als gestern und vorgestern liebe.«

Die Innigkeit, die Intensität dieser Gefühle mag heutige Leser darüber hinwegtäuschen, daß die gegenseitige Vervollkommnung und die Glückseligkeit als Ziele angestrebt wurden. Es war das Zeitalter der Empfindsamkeit, Goethes Werther und Klopstocks Lyrik prägten eine Generation von Denkern in ihrer Ausdruckweise. Die Sprache war durch ein emphatisches Äußern von Gefühlen gekennzeichnet. Mit den Worten der Liebe verbrüderten sich Menschen, erhoben Freundschaft zum Kult. Das verfeinerte Gefühlsleben machte in Deutschland seit 1770 all die Seelenkräfte, die der Rationalismus verdrängt hatte, lebendig. In diesem Rahmen, als einen sittlichen Bund muß man das Ideal der Amalia von Gallitzin verstehen. Die erotische Seite der Beziehung sollte möglichst bedeutungslos bleiben. Dennoch reagierte Fürstenberg furchtsam und schwermütig, ja eifersüchtig, als ihr Freund und Seelenverwandter Frans Hemsterhuis nach Münster zu Besuch kam, um Amalia und ihre Kinder zu besuchen. Das Bestreben, eine vollkommene, rein geistige Liebe zu pflegen, wird von den meisten Kritikern wie eine Selbstverständlichkeit beschrieben; nur wenige erwähnen auch nur das Problem der Entsagung und die damit verbundenen Kämpfe, die die beiden natürlich durchzustehen hatten.

Interessant ist in diesem Zusammenhang die Diskussion, die Amalia 1785 mit dem befreundeten Franz Bucholtz führte. Es ging um das Buch mit dem faszinierenden Titel »Mittel, um nicht verliebt zu werden« von Meinrod. Das Werk sprach sie sehr an, obwohl sie, wie sie gestand, von dieser Seite wenig Gefahr sehe. Sie »habe diese Gefahr bei gewisser Gelegenheit aber einst kennen gelernt und zum Teil deswegen sich aus der Welt begeben«, fuhr sie fort. Ob ihr Ehemann, Hemsterhuis, Goethe oder Fürstenberg diese Gefahr bedeutet hatten, bleibt allerdings ungesagt.

Die Bindung zwischen Fürstenberg und der Fürstin Gallitzin sollte bis an ihr Lebensende halten, und für die Geistesgeschichte Westfalens hatte diese Freundschaft eine besondere Bedeutung, denn sie bildete fortan die Grundlage des »Kreises von Münster«. Er war eine Art »Kulturtreff«, ein Zirkel, bei dem man gesellige Anlässe, das gemeinsame Abendbrot oder Spaziergänge nutzte, um pädagogische, philosophische, psychologische und literarische Fragen zu diskutieren. Ein erlesener Kreis von gelehrten Männern sammelte sich um Amalia und Fürstenberg: Der Jurist und Historiker Matthias Sprickmann, die ehemaligen Jesuiten Gerz und Zumkley, der Pädagoge Bernhard Overberg, und die Schriftsteller Goethe, Franz Kaspar Bucholtz, Matthias Claudius und Friedrich Heinrich Jacobi sind nur einige der Mitglieder dieses Freundschaftsbundes.

Für Amalia begann unter dem sanften Einfluß Fürstenbergs langsam die ernsthafte Beschäftigung mit dem katholischen Glauben. Hatte sie aufgrund ihrer früheren Erfahrungen die Religion bisher als »dummes, wegzuwerfendes

Zeug«, als aller Aufklärungstendenzen widersprechendes Gedankengut schlichtweg abgelehnt, so wurde sie ihr nun zur Stütze und Grundlage ihrer sittlichen Vervollkommnung. Es war allerdings ein ständiges Ringen, ein Auf und Ab, um auf diesem einmal gewählten Wege weiterzukommen.

In all den Bindungen, die sie mit männlichen Partnern unterhielt, suchte sie das Ideal einer rein geistigen Liebe. In ihrem Tagebuch legte sie sich selbst gegenüber Rechenschaft ab. Sie wisse, daß die Menschen geneigt sind, die »Begriffe der sinnlichen Geschlechtstriebe« mit der »wahren Liebe« zu vermischen und diese damit zu »verunreinigen«. Und sie schrieb weiter, daß diese Liebe eher realisierbar sei bei »Zween verschiedenen Geschlechtes«, da »zwei Menschen verschiedenen Geschlechtes sich einander wechselweise mehr zu geben und voneinander mehr zu nehmen haben als Zween desselbigen«. Mann und Frau, so glaubte sie, könnten sich zu einer Vollkommenheit ergänzen.

Die zeitweise quälende Suche nach Erkenntnis und nach einer »reinen«, platonischen Verbindung bestimmte ihr ganzes Leben, ihr Denken. Nach einer schweren Krankheit - sie hatte bereits den Freiherrn von Fürstenberg als Vormund ihrer Kinder erwählt - lernte sie einen Mann kennen, der sie erneut völlig faszinierte. Amalia hatte neben ihrem Haus in der Grünen Gasse ein Bauernhaus in dem kleinen Dorf Angelmodde, ein paar Kilometer südöstlich von Münster, gemietet. Während sie ansonsten ihre Gäste lieber im Stadthaus empfing, lud sie den Philosophen Hamann, den Freund Goethes und Jacobis, den Vertrauten und Kritiker Kants nach Angelmodde ein. Johann Georg Hamann (1730-1788), der »Magnus des Nordens«, hatte insofern einen großen Einfluß auf Amalia, als er, obwohl selber protestantisch, ihre beginnende Hinwendung zum Katholizismus unterstützte. Schwärmerisch schrieb sie in ihr Tagebuch:

> Hamann wirkte sehr wohltätig auf mich durch Bereicherung und Vervollkommnung meines Ideals eines wahren Christen; seine ungekünstelte, mir noch nirgends, in einem Menschen in diesem Grade und dieser Reinheit erschienene Art von Demut war es insbesondere, was mir das Christentum in einem neuen erhabeneren Lichte als jemals zuvor zeigte.

Wieder fühlte sie sich von einem Menschen angezogen, hatte jemanden als ihren geistigen Lehrer und engsten Freund erwählt. Und Hamann erwiderte diese Verehrung: »Sie ist ein wahres Wunder ihres Geschlechts«, pries er in Briefen an Freunde und Verwandte. Doch bereits zwei Jahre später, im Juni 1788, verlor Amalia diesen Freund. Hamann, den sie, so gestand sie ihm, als ihren ersten wahren Vater sah, starb. Als Zeichen der Liebe und Verehrung, aber auch, weil es in Münster zu dieser Zeit noch keinen protestantischen Friedhof gab, wurde Hamann auf ihren Wunsch hin in dem kleinen Garten in Angelmodde beerdigt. Mehr als ein halbes Jahrhundert später, im Jahre 1851, wurden übrigens seine Gebeine umgebettet - auf den alten Münsteraner Überwasserfriedhof an der Wilhelmstraße.

Hamanns Tod war für den Freundeskreis ein großer Einschnitt. Der Münsteraner Kreis, der ob seiner immer stärker werdenden religiösen Orientierung die Bezeichnung »familia sacra« erhalten hatte, veränderte seinen Charakter. Man wurde dogmatischer und erhob die Frömmigkeit zum Ziel, das Gedankengut der Aufklärung trat zurück. Der Glaube stand von nun an höher als die Vernunft. Der »Heide« Goethe, der im Jahre 1792, sieben Jahre nach der ersten Begegnung, im Hause der Fürstin ein und aus ging, bemerkte deutlich Amalias Hinwendung zur Religiösität. Goethes Haltung war ambivalent. Er verehrte die Fürstin und den

Münsteraner Kreis, aber seine Abneigung dem Christentum gegenüber blieb. Und so wurde aus der Verbindung zu Amalia eine abgeklärte, kultivierte, aber auch distanzierte Freundschaft, die bis zu ihrem Tode Bestand hatte.

Amalia litt sehr unter dem Verlust Hamanns. Nicht nur hatte sie sich ihm geistig verbunden gefühlt, sondern sie hatte ihn auch als einen Menschen geschätzt, der ihr völlig offen und damit auch oftmals kritisch gegenüberstand. Er ignorierte ihre zeitweisen düsteren Empfindlichkeiten und nahm wenig Rücksicht auf ihre ziselierten Qualen und Ängste, die durch keine echten Sorgen oder gar Existenznot begründet waren.

Amalia fühlte sich verwaist und sehnte sich nach einem neuen Seelenführer, nach einem kritischen, väterlichen Lehrer. So schrieb sie an ihren Beichtvater Bernhard Overberg, einen Mitarbeiter Fürstenbergs:

> Ich fühle jetzt, daß ich eines geistigen Freundes und Vaters...bedarf, dem ich nicht allein meine Sünden beichten, sondern dem ich mein ganzes Herz öffnen (kann)..., der genug mich lieben könne, um auch außer der Beichte und unaufgefordert, wie Väter es mit ihren Kindern zu tun pflegen, mich zu beobachten, prüfen, strafen, trösten, ermahnen...

Und sie beendet den Brief: »Ewig Ihre ehrfurchtsvolle Freundin und gehorsames Kind«. Overberg (1754-1826) wurde nach einigem Zögern ihr Lehrer und Zuhörer; er blieb aber Seelsorger seiner Gemeinde und beschränkte seine Zuwendung zunächst auf zwei Abende in der Woche. Später zog er in das Haus der Fürstin und blieb bis zu ihrem Lebensende bei ihr. Obwohl einige Jahre jünger als Amalia, erkannte sie ihn als eine Art Vater an und nannte ihn auch so. Overberg, ein tiefgläubiger Priester und Pädagoge, hatte großen Anteil an der Erziehung und Ausbildung des Landvolkes. Im münsterländischen Everswinkel unterrichtete er die Kinder und wurde bald von Fürstenberg als »Lehrer der Lehrer« eingesetzt, verantwortlich für die Ausbildung der Volksschullehrer. Bemerkenswert war, daß Overberg in der Lage war, in seinen Erziehungskonzepten tiefe Religiösität und rationale Denkweise miteinander zu vereinbaren.

Mindestens ebenso wichtig wie die Verbindung zu Overberg wurde aber ab 1791 diejenige zu Graf Friedrich Leopold Graf von Stolberg zu Stolberg (1750-1819), der mit seiner Familie auf der Durchreise nach Italien zum ersten Mal nach Münster kam. Er sollte unter allen Freunden und Gleichgesinnten der letzte von ihr erwählte Seelenführer werden. Besonders seine von Amalia stark beeinflußte Konversion zum katholischen Glauben verband die beiden, so daß Stolberg im Herbst 1800 mit seiner Familie nach Münster übersiedelte.

Amalia wurde mit der Zeit in der Ausübung ihrer kirchlichen Pflichten immer strenger. Sie hatte ihren Weg gefunden, einen langen Weg der geistigen Auseinandersetzung mit den bedeutensten Männern der Zeit, die sie alle, wie sie sagte, »gewaltig lieb« hatte. Aber in den späteren Lebensjahren wurde sie müde, litt vermehrt an Krankheiten. Ihr Ehemann Fürst von Gallitzin starb überraschend im Jahre 1803, der Sohn Mitri war bereits 1792 für immer nach Amerika gegangen, um Priester zu werden. Die Tochter Mimi pflegte sie, als ihre Beschwerden immer heftiger wurden. Amalia von Gallitzin starb am 27. April 1806 und wurde, auf ihren Wunsch hin, im Schatten der kleinen Dorfkirche, in der Nähe ihrer Sommerresidenz in Angelmodde beerdigt. Ein sehr schlichtes, an die Kirchenmauer gelehntes Kruzifix schmückt bis heute die Grabstätte. Der ehemalige Landsitz der Fürstin ist zwar verschwunden, doch die Straßennamen »Haus Angelmodde« und »Gallitzinstraße« wahren die Erinnerung.

Viel ist seit der ersten Biographie aus dem Jahre 1828 über die eigenwillige Fürstin gesagt und geforscht worden. Die Universitätsbibliothek Münster bewahrt den umfangreichen Nachlaß, zu dem allein einige tausend Briefe gehören. Meist, besonders in älteren Besprechungen, wird sie nahezu grenzenlos bewundert, ihr Einfluß auf die Geistesgeschichte des 18. und frühen 19. Jahrhunderts glorifiziert, und fast könnte man glauben, daß einige Rezensenten sie als eine Art Heilige verehrten. Es mag trotzdem erlaubt sein, über die Problematik ihres Charakters zu sinnieren: Die Konsequenz, mit der sie ihre geistigen Partner an sich band, läßt sich vielleicht auch als egozentrisch bezeichnen. Ihre charismatische Ausstrahlung, ihr pädagogisches und ihr sozial-religiöses Wirken seien unbestritten - mit ihrer Hinwendung zum katholischen Glauben wurde sie jedoch streng, fast dogmatisch. Ihr engagiertes Streben, Andersgläubige (Jacobi, Hemsterhuis, Stolberg oder Goethe) von der katholischen Lehre zu überzeugen und sie zu »bekehren« wurde bereits von einigen ihrer Zeitgenossen sehr kritisch betrachtet.

Ohne feministisch argumentieren zu wollen, muß Amalia von Gallitzin aber als eine Frau bewundert werden, die sich von vielen Konventionen befreit hatte, die das Streben nach Wissen und eigener Entwicklung höher stellte als die ihr zugedachte Rolle in der Gesellschaft, die die Kritik ihrer Zeitgenossinnen ertrug und sich unter den größten Männern ihres Jahrhunderts einen Platz in der Kulturgeschichte gesichert hat. Wer weiß, was sie als Mann erreicht hätte?

Von einem, der auszog, die europäischen Stämme zu kultivieren

Karl der Große (747-814)

Wenn in der Stadt Aachen der Internationale Karlspreis an einen großen Europäer verliehen wird, dann blickt die Öffentlichkeit nicht nur auf eine Persönlichkeit, die sich um das Zusammenwachsen der europäischen Völker und Staaten verdient gemacht hat (wie z.B. Konrad Adenauer, Charles de Gaulle oder Juan Carlos I. von Spanien) - es wird dabei auch jedesmal wieder an denjenigen erinnert, dessen Bildnis die überreichte Medaille ziert und dessen Name für die Schaffung eines vereinten Europa steht.

Karl der Große ist, wie jedes Schulkind weiß, eine der größten Herrschergestalten des Mittelalters. Er war ein Eroberer und Staatsmann, der ein Reich schuf, das bei seinem Tode fast das ganze heutige Mittel- und Westeuropa umspannte. Ohne daß damit das politische und militärische Wirken des Frankenkaisers in seiner Bedeutung verringert werden soll, wird im folgenden das Bild eines Mannes gezeichnet, der überaus erfolgreich auch die Kultur und das Bildungswesen Europas geprägt hat.

Als Karl zusammen mit seinem Bruder Karlmann im Jahre 768 die Nachfolge seines Vaters, des Frankenkönigs Pippin antrat, mußte er sich nicht nur mit politischen Problemen auseinandersetzen - auch mit Karlmann gab es ständig Streitigkeiten. Diese Konflikte hätten wohl zu einem Bruderkrieg geführt, wäre Karlmann nicht bereits im Jahre 771 gestorben. Karl übernahm damit als Alleinherrscher ein Reich, das das heutige Frankreich, Belgien, Holland, das Rheinland, Thüringen, die fränkischen Kernlande an Mosel,

Mittelrhein und Main sowie in Süddeutschland das heutige Württemberg umfaßte. Noch nicht einverleibt waren Bayern und Sachsen.

Mit einem derart großen Gebiet hatte Karl aber auch viele ungelöste Probleme und politische Spannungen gewissermaßen von Pippin geerbt. Ein halbes Jahr nach seiner Machtübernahme begann der erbitterte Krieg gegen die Sachsen, ein Krieg, der das Frankenreich mit Unterbrechungen 30 Jahre lang in Atem halten sollte. Mit der Eroberung des Langobardenreiches 773/74 führte er die Italienpolitikseines Vaters fort, besiegte den Langobardenkönig Desiderius und nannte sich fortan »König der Franken und Langobarden und Schutzherr der Römer«. Nachdem auch noch der Bayernherzog Tassilo III. sich der Macht Karls beugen mußte und als trostvolle Alternative zur Hinrichtung »nur« zu lebenslanger Klosterhaft verurteilt wurde, fiel auch Bayern 788 unter fränkische Verwaltung.

Im großen und ganzen war das Resultat dieser zahlreichen und langen Kriege eine gewaltige Ausweitung der fränkischen Macht. Aber das Reich bestand nun aus zahlreichen Stämmen und Völkern, die sich in Sitten, Gewohnheiten, Traditionen, in der Rechtsauffassung und in der Sprache stark voneinander unterschieden. Karl strebte nicht nur nach einer Sicherung seines großen Reiches - dazu richtete er unter anderem Markgrafschaften ein -, sondern auch nach Einheit, nach einer gemeinsamen geistigen und kulturellen Grundlage. Sein gesamtes Regierungsprogramm war dadurch charakterisiert, Ordnung, Maß und Norm in allen Lebensbereichen herzustellen.

Die römische Kirche spielte dabei eine entscheidende Rolle. Sie war bei sämtlichen Reformen allgegenwärtig, denn sie hatte nun einmal das Monopol für alle kulturellen

Güter und deren Entwicklung. Und da eben nur die Geistlichen die kulturtragende Schicht bildeten und der Schrift kundig waren, bestimmten sie auch die Ziele der kommenden Veränderungen.

Im Jahre 800, also in dem Jahr, als Karl der Große durch Papst Leo III. in Rom zum Kaiser gekrönt wurde, war die Christianisierung bereits weitgehend abgeschlossen. Karl verwaltete das Kaisertum erklärtermaßen im Auftrage Gottes, eine Auffassung, die auf die Lehren des Kirchenvaters Augustinus zurückgeht und die durch den Papst im Mittelalter bestätigt wurde - nicht nur durch den Kniefall bei der Kaiserkrönung. Staat und Kirche waren für die nächsten 500 Jahre aufs engste verbunden: Die weltliche Regierung als Schutzherr der Kirche und die Kirche als geistige Stütze des Staates. Somit wurden die Klöster des Karolingerreiches Ausgangspunkt für Karls Kulturmission.

Schon die Könige vor ihm hatten die sogenannte Hofkapelle etabliert. Dabei handelte es sich jedoch nicht nur um die Gebetsstätte des fränkischen Hofes, sondern um eine Einrichtung, die den Mantel (cappa) des heiligen Martin verwahrte. Von dem Nationalheiligtum der Franken rührt also der Begriff »cappella« her. Der Chronist Notker (um 840-912) berichtet, daß die Frankenkönige diesen Mantel »stets zu ihrem Schutz und zum Mittel gegen die Feinde mit in den Krieg nahmen«. Die Geistlichen beschützten aber nicht nur den Mantel, sondern widmeten sich theologischen Studien, und in ihrer Rolle als Hofschreiber waren sie für die Herrscher unverzichtbar. Karl der Große erweiterte seine Hofkapelle zu einer Hofschule. Spätestens seit 777 war er bestrebt, Gelehrte und Künstler an seinen Hof zu ziehen.

Von seinen insgesamt fünf Italienzügen hatte er begabte und geistig aufgeschlossene Männer, hochgebildete Mönche und Priester mitgebracht. Sie waren von Geburt meist Langobarden und Angelsachsen. Aber auch Franken wählte er für seinen Gelehrtenkreis aus. Der Hof des Mittelalters war allerdings nicht statisch, nicht an einen Ort gebunden, sondern im reinsten Sinne des Wortes »ambulant«, denn der Kaiser hatte nicht das, was man heute einen festen Wohnsitz nennt. Auch wenn die Kaiserpfalz zu Aachen später eine Sonderstellung und wohl Karls Lieblingsresidenz wurde, so zog er doch mit seinem Hofstaat und seinen Gelehrten ständig von Pfalz zu Pfalz. Seine klugen Begleiter wurden zu unverzichtbaren Ratgebern: der langobardische Geschichtsschreiber und Benediktiner Paulus Diaconus, der westgotische Dichter, Theologe und Politiker Theodulf und vor allem der britische Kleriker Alkuin, der bedeutendste Lehrer am karolingischen Hofe, der das Programm der karolingischen Bildungsreform entscheidend mitbestimmte. Auch der adelige Laienabt und Geschichtsschreiber Einhard (um 770-840) kam 794 an den Hof und wurde zu einem wichtigen Berater und Vertrauten des fränkischen Herrschers, insbesondere als Leiter der kaiserlichen Bauten. In seiner sehr lesenswerten Biographie, der »Vita Karoli Magni« (um 835), schildert er Karl den Großen als einen hochherzigen, disziplinierten Mann - er sei »der Größte an Klugheit und Hervorragendste an Tapferkeit«. Immer mehr Gelehrte, Dichter und Künstler schlossen sich dem Hof an, und Karl gesellte sich zu ihnen als »David«; mit diesem Namen bekräftigte er, daß er an der Tradition des Alten Bundes festhalten wollte. Die Mitglieder dieses Gelehrtenkreises führten philosophische Gespräche, tauschten Gedanken und Gedichte aus und entwickelten eine neue höfische Dichtung.

In manch anderer Hinsicht erfüllten sie auch eher praktischere Aufgaben. So verhalfen sie dem Kaiser zu einer bemerkenswerten Bibliothek, die die Werke der Kirchenväter und der antiken Autoren umfaßte. Als Lehrer der Hofschule vermittelten sie ihren Schülern, die aus dem ganzen Reichsgebiet zusammenkamen, um am Hofe Karls zu lernen, die »sieben freien Künste«. Dieses Wissen, das seit der Antike von den freien Bürgern erworben werden durfte, umfaßte die Disziplinen Grammatik, Dialektik (als Vermögen des logischen Denkens) und Rhetorik sowie die Kenntnisse der Astronomie, der Arithmetik, der Geometrie und der Musik. Die Fächerkombination der sieben freien Künste blieb bis weit in die Renaissance hinein die Grundlage eines Studiums. Erst dann lösten sich die Naturwissenschaften, die unter Alkuin, dem geistigen Initiator der Wissenschaftsidee, in den »mechanischen Künsten« zusammengefaßt wurden, als eigenständige Disziplinen ab.

Durch das weitsichtige Engagement des Kaisers und durch das Wirken dieser Gelehrten wurde der Hof somit zur zentralen Kulturstätte und zum Bildungsmittelpunkt des Frankenreiches, in dem auch die lateinische Sprache der christlichen Spätantike und der römischen Klassiker gepflegt wurde. Karl schuf die Voraussetzungen für eine bemerkenswerte kulturelle Blüte, die man heute als die »karolingische Renaissance« bezeichnet.

Auf allen Wissensgebieten knüpfte Karl an die Tradition der Spätantike an - das karolingische Herrschertum orientierte sich stets an der spätrömischen Kaiseridee. Diese Hinwendung zu römischen Vorbildern läßt sich auch an der Wiedereinführung des Münzwesens erkennen. Mit dem Untergang des römischen Imperiums waren auch die Münzprägung und das Geldwesen verschwunden. Obwohl Karl eigentlich davon ausgehen mußte, daß Normen und Maße in einer Gesellschaft, die größtenteils aus Analphabeten bestand, nur sehr schwer durchsetzbar sein würden, führte er den karolingischen Denar und eine große Gruppe von Bildmünzen als Zahlungsmittel ein. Diese Münzen mit seinem Bildnis hat Karl, der sich in Anlehnung an die Antike auch »Augustus« nannte, nach dem Vorbild der Münzen Kaiser Konstantins prägen lassen. Die karolingische Münzordnung wurde erstmals seit der Römerzeit gesetzlich garantierte Norm und sollte bahnbrechend für die weiteren europäischen Zahlungsformen werden.

Auch im Bereich der Schrift war Karl ein eifriger Reformer. Er, der übrigens erst nach Regierungsantritt mühsam das Schreiben gelernt hatte, hielt seine Gelehrten an, eine eigene Schrift zu entwickeln. Es entstand die karolingische Minuskel, eine klare Schriftform fast ohne Kursivelemente, transparent, überschaubar und in einem einheitlichen Alphabet. Der Schrifttyp verbreitete sich in fast ganz Europa und wurde Vorbild für alle neueren abendländischen Schriften. Sogar die erst viele Jahrhunderte später entstandene Buchdruckerkunst griff auf die Minuskel zurück.

Ebenso wie die Schrift ließ Karl auch die Sprache reformieren. Schließlich, so befand der Kaiser, gehe das rechte Leben (recte vivere) mit dem rechten Sprechen (recte loqui) einher. Nur, wer richtig spreche, könne auch richtig denken. Obwohl es unzählige Volkssprachen und Idiome im Frankenreich gab, wählte Karl als Verwaltungs- und Gelehrtensprache eine bereits tote Sprache - Latein. Im Jahre 787 ordnete er in einem an alle Bischöfe und Äbte gerichteten Rundschreiben an, daß das Studium der lateinischen Sprache unerläßlich sei, um, und dies war für ihn gleichfalls sehr wichtig, die Bibel und die christliche Literatur zu verstehen. Allerdings war diese Sprache derart entstellt und »verwildert«, daß ein Cicero sie wohl nicht mehr verstanden hätte. Natürlich gab es große Schwierigkeiten, und trotz aller Bemühungen, die Sprache zu reinigen und ein korrektes sogenanntes Mittellatein zu schaffen, blieb sie künstlich. Nur wenigen diente sie zur Verständigung.

Karl, so berichtet Einhard, setzte sich aber auch dafür ein, daß die »uralten deutschen Lieder, in denen die Taten und Kämpfe der alten Könige besungen wurden«, aufgeschrieben und so der Nachwelt überliefert wurden. Darunter befanden sich höchstwahrscheinlich auch der Nibelungenstoff, mit Sicherheit aber das Hildebrandslied, das uns heute noch erhalten ist. Ebenso ließ Karl eine Grammatik schreiben und gab zum Beispiel den zwölf Monaten und den bisher bezeichnungslosen Winden deutsche Namen. Tatsächlich war nämlich am Hofe Karl des Großen erkannt worden, daß vielen Dialekten des Reiches eine gemeinsame Ursprache zugrunde lag. Es setzte sich mehr und mehr die Bezeichnung »thiudisc« - deutsch - für die Mundarten der germanischen Stämme durch.

Unübersehbar im Prozeß der Herausbildung der althochdeutschen Sprache ist die rege Übersetzertätigkeit in den Klöstern. Der eifrigen Bekehrungsarbeit - es diente selbstverständlich der praktischen Missionsarbeit, wenn Taufgelöbnisse, Gebete und Beichtformeln für jedermann verständlich waren - verdanken wir die ersten schriftlichen Aufzeichnungen in althochdeutscher Sprache. Zu dieser Zeit entstanden in den Klöstern auch zahlreiche Glossarien, also lateinisch-althochdeutsche Vokabelverzeichnisse. Bald gab es auch die ersten Interlinearversionen, also wörtliche Übertragungen ganzer Texte zwischen den Zeilen. Solche Übertragungen waren oftmals eine Aufgabe für viele Jahrzehnte, beanspruchten ein ganzes mönchisches Leben, aber die Bücher jener Zeit waren kostbare Schätze aus Pergament mit überaus reich verzierten Zeichnungen und aufwendigen Kunstwerken als Einband.

Karl widmete sich leidenschaftlich der Förderung und Verbreitung der Kultur und traf auch Maßnahmen, die bis heute in etwas säkularisierterer Form das Schicksal aller Kinder bestimmen: Im Jahre 813 verordnete er, daß jedermann seine Söhne zur Schule schicken solle, entweder in ein Kloster oder zu einem Priester. Klöster waren somit nicht nur Zentren des Glaubens, sondern Orte der Entwicklung einer neuen Lebensform, sie wurden zu Bildungsinstitutionen. Neben diesem Ansatz einer allgemeinen Schulpflicht schuf er auch reine Sängerschulen, damit der Papst seine besten Sänger schicke, um sie im Kirchengesang zu unterrichten. Die Musterschule in Metz wurde so berühmt, daß man den Kirchengesang bald nur noch »Mette« nannte.

Seinem obersten Ziel, eine gesellschaftliche Ordnung zu schaffen, folgte der Kaiser auch im Bereich der Verwaltungsreform und der Rechtspflege. Im fränkischen Reich gab es keine Hauptstadt, Karl regierte, wie gesagt, von einem Wanderhof aus und bereiste mit seinem Gefolge die Königspfalzen, die er im ganzen Reich hatte errichten lassen. In diesen Pfalzen erließ er Gesetze, sprach Recht und traf seine Entscheidungen. Unzählige Erlasse, geradezu ein Netz von Verordnungen in lateinischer Sprache, beschäftigten sich detailliert mit den Aufgaben des Klerus, strukturierten das Reich und die Verwaltungsbezirke und versuchten das Volk zur Bildung zu verpflichten. Sendboten wurden losgeschickt, um den Kirchen und dem Volke die Weisungen des Herrschers zu überbringen. Gleichzeitig instruierten und beobachteten sie die Grafen der zahlreichen Grafschaften des Reiches. Als Delegierte Karl des Großen hatten sie zugleich die Aufgabe der Rechtsprechung im Namen des fränkischen Herrschers. Da Korruption, Bestechungsversuche, Willkür und »Meutereien« keineswegs erst Phänomene der Neuzeit sind, entwickelte schon Karl der Große ein Verwaltungssystem, das sich in seinen verschiedenen Einrichtungen selbst kontrollieren sollte. So entstand unter anderem auch das Schöffengericht, das sich bis heute in seiner Grundidee erhalten hat. In jedem Jahr fanden in den einzelnen Grafschaften Gerichtstage statt, an denen sieben bis zwölf Schöffen, unbescholtene Männer, Urteile sprachen. Auch die Institution des Staatsanwaltes wurde im Karolingerreich bereits vorweggenommen. Rügezeugen hatten damals die Pflicht, jedes Verbrechen, das im jeweiligen Bezirk begangen wurde, vor Gericht zu bringen. Viele Verwaltungs- und Rechtsreformen Karl des Großen hielten sich über Jahrhunderte und leben sogar heute noch, so erklärt der Biograph Ernst W. Wies, in dem amerikanischen System der »counties« weiter.

Bei aller Bewunderung für die weitreichenden Reformen dieses Herrschers darf nicht vergessen werden, daß in der Geschichtsschreibung immer zu schnell personalisiert und individualisiert wird. Ohne Karls Vertraute, seine Berater, die Gelehrten und Künstler wäre es nie zu dieser kulturellen Blüte des Karolingerreiches gekommen. Der Historiker Wolfgang Braunfels weist im übrigen auf den utopischen Charakter vieler Ideen und Erlasse des Frankenherrschers hin. »Soweit wir sehen, ist es in der gesamten Weltgeschichte ein einzigartiger Vorgang, daß ein erfolgreicher Kriegsherr seinem Volk Bildung befiehlt... Zu den Merkwürdigkeiten in Karls utopischen Erlassen gehört, daß er einem Volk, das weder schreiben noch lesen kann, durch lateinische Gesetze auch die geringsten Kleinigkeiten vorschreiben wollte.«

Sein Bemühen um Ordnung und Beständigkeit gehört wohl zum Charakterbild Karl des Großen, aber im Bereich des Privaten ging es doch etwas turbulenter zu. Karl heiratete viermal: Desiderata, eine Langobardenprinzessin, die aber bald wieder verstoßen wurde, Hildegard, die ihm in dreizehn Ehejahren neun Kinder gebar, Fastrada, ein junges Mädchen aus ostfränkischem Adelshaus und schließlich die alemannische Edelfrau Luitgard, die schon vor dem Tode der dritten Frau seine »Gefährtin« gewesen sein soll. Abgesehen von der unglücklichen Desiderata, die ihr Leben in Klosterhaft fristete, starben alle seine Frauen sehr jung auf den ständigen strapaziösen Reisen zwischen den Pfalzen. Neben den elf Kindern, die Karl mit diesen Frauen hatte, sind weitere sieben Nachkommen aus zahlreichen außerehelichen Verbindungen bekannt. Unter den betuchten Germanen war es im allgemeinen gang und gäbe, Konkubinen und Sklavinnen zu haben. Die Einrichtung der »Friedelehe« (fridila = Herzliebste) hatte wenig gemeinsam mit der heutigen Institution, die eine gesetzliche Absicherung und eine dauernde, möglichst lebenslange Verbindung intendiert. Das Christentum hatte seinen Einfluß in diesem privaten Bereich seinerzeit offensichtlich noch nicht durchsetzen können. Die langjährige Beziehung Karl des Großen zu seiner Jugendliebe und Nebenfrau Himiltrud wurde vom Papst sogar durchaus als rechtmäßig bezeichnet.

Über Karls Frauen weiß man heute wenig; sie haben, im Gegensatz zu den Frauen der Herrscher anderer Epochen, keinen Einfluß auf die Politik genommen. Die Kinder jedoch bekleideten später allesamt hohe Ämter in den Klöstern und in der Verwaltung. Die Söhne Karl und Pippin wurden erfolgreiche Heerführer.

Bemerkenswert ist, daß Karl sowohl seine Söhne als auch seine Töchter in den Wissenschaften der »sieben freien Künste« unterrichten ließ. Neben einer geistigen Erziehung wurden die Jungen zusätzlich im Reiten, Kämpfen und Jagen unterwiesen, also in den Disziplinen, die bisher für einen fränkischen Prinzen die einzigen waren. Karl war wohl der erste Herrscher, der nicht befürchtete, daß Bildung stets auf Kosten von Tapferkeit und Kampfeslust ging. Die Mädchen hingegen erlernten, wie es sich geziemt, auch typisch weibliche Fähigkeiten, wie Spinnen und Sticken. Der Zeitgenosse Einhard beschreibt Karl als einen sehr liebevollen und besorgten Vater:

> Um die Aufzucht seiner Söhne und Töchter war er so besorgt, daß er zu Hause nie ohne sie speiste und nie eine Reise ohne sie machte. Die Söhne ritten ihm zur Seite, die Töchter aber folgten hinten im Zuge nach, beschützt von einer Schar Dienstleute. Da sie sehr schön waren und er sie äußerst lieb hatte, wundert es, daß er keine von ihnen einem seiner Anhänger oder einem Fremden zur Ehe geben wollte, sondern alle bis zu seinem Tode bei sich im Haus behielt und sagte, er könne ihre Gesellschaft nicht entbehren.

Langweilig war es den Töchtern jedoch am Hofe sicherlich nicht, denn Karl war nicht von doppelter Moral. Was der sinnenfreudige König genoß, sollte auch seinen Mädchen nicht vorenthalten bleiben. Die Liebschaften der Königstöchter gehörten sozusagen zu ihren Freiheiten - Bedingung war nur, daß die erwählten Männer zum Bekanntenkreis des Vaters gehörten. Es muß schon ein lockeres Treiben am Hofe gewesen sein, und einige Chronisten berichten sogar von derben Festen, bei denen ein jeder Christ, zumindest nach heutiger kirchlicher Auffassung, sein Seelenheil riskiert hätte. Erst nach Karls Tod endete dieses »unmoralische Tohuwabohu«. Sein Sohn Ludwig wurde Karls Nachfolger, und er begann seine Herrschaft mir einer radikalen Säuberung des Hofes. In einer spektakulären Aktion ließ er nach dem Tode seines Vaters kurzerhand alle Kurtisanen von ihren Liebhabern auf den Marktplatz von Aachen tragen und sie dort auspeitschen. Er ging als Ludwig der Fromme in die Geschichte ein.

Doch noch lebte Karl der Große, wenn er auch alt und kränklich geworden war. Er, der seit der Kaiserkrönung den imposanten Titel »Karl der Ehrwürdige und Erhabene von Gott gekrönte große und friedliebende Kaiser, der das römische Reich regiert und durch die Barmherzigkeit Gottes König der Franken und der Langobarden ist« trug, war es leid, ständig auf unbefestigten Wegen zwischen den Grafschaften unterwegs zu sein. In Aachen entstand seit den letzten Jahren des 8. Jahrhunderts eine Pfalz mit wunderbaren Badeanlagen und warmen Quellen, in denen sich schon die Römer entspannt hatten. Der fränkische Herrscher ließ dort eine Monumentalpfalz, ein einzigartiges Zentrum des Reiches erbauen, das in seiner Architektur und in allen noch vorhandenen Kunsthandwerken Zeugnis ablegt von Karls Ideal eines »neuen Roms«. Hier ließ er sich zusammen mit seinem Sohn Ludwig ein zweites Mal zum Kaiser krönen.

Auf dem Fundament der weiten Königshalle mit ihren 47 Metern Länge und 20 Metern Breite befindet sich heute das Aachener Rathaus, das teilweise noch aus dem alten karolingischen Mauerwerk besteht. Am anderen Ende der großzügigen Anlage entstand die Pfalzkapelle, ein achteckiger Zentralbau mit einem vorgelagerten Atrium; dazwischen lag ein Verbindungsbau mit dem Torhaus. Im Nordwesten des Geländes befanden sich zwei Holzhäuser für die Bediensteten, während der Kaiser und seine Angehörigen im Nordosten, ganz in der Nähe der warmen Quellen, ihr weniger bescheidenes Quartier hatten.

In der Pfalzkapelle, dem heutigen Münster, befindet sich im Obergeschoß bis heute der alles dominierende Thron. Wie schon zu König Salomons Sitz führten auch zu Karl genau sechs Stufen. Von hier aus konnte der Kaiser alles sehen und von allen gesehen werden. Von hier aus konnte er regieren und Gesandte empfangen - zumindest noch für ein paar wenige Jahre.

Das Sterben und die Grablegung des Herrschers sind, wie sein Geburtstag, mit einigen Geheimnissen behaftet. Man weiß, das der an Gicht leidende 72jährige Mann im Winter 813/14 an starkem Fieber litt. Wahrscheinlich ist er an einer Lungenentzündung gestorben. In seltsamer Hast wurde der gewaschene, gesalbte und würdig gekleidete Leichnam noch am gleichen Tag, am 28. Februar 814 in der Aachener Pfalzkapelle beigesetzt. Der Sarkophag, in den man ihn bettete, war, wie sollte es anders sein, aus antikem römischen Marmor, die Seitenwände stellten den Raub der Proserpina dar. Vielleicht hatte man es so eilig, weil Karl selbst eigentlich bereits vierzig Jahre zuvor das Kloster von St. Denis zu seiner letzten Ruhestätte bestimmt hatte. Die Mönche in Aachen jedoch sicherten sich dieses ruhmreiche Grab, noch bevor von der Familie oder von St. Denis Einspruch erhoben werden konnte.

120 Jahre später kam Kaiser Otto III. nach Aachen und mußte feststellen, daß das Grab verschollen war. Es ranken sich viele aufregende Geschichten um die Wiederauffindung. Sollte der fränkische Herrscher tatsächlich in sitzender Stellung in einem Throngrab aufgefunden worden sein? Oder hat man ihn doch in dem Wandgrab unter einem Bogen in einer der Seitenkapellen entdeckt? Das Geheimnis wurde wahrscheinlich vom jeweiligen Aachener Domkapitel sorgsam gehütet. Gesichert ist nur, daß Friedrich Barbarossa

den europäischen Kaiser im Jahre 1165 heiligsprechen ließ. Karl der Große wurde schließlich 1215 in einen prächtigen silbergetriebenen, vergoldeten Prunkschrein, den Friedrich II. in Auftrag gegeben hatte, umgebettet. Und in diesem sogenannten Karlsschrein befinden sich nun also die Gebeine des ersten großen Europäers.

Die Klosterfrau und der Melissengeist

Maria Clementine Martin (1775-1843)

»Das war wirklich eine Nonne«, erklärt mir ein etwa zwölfjähriger Junge, der mich lange vor dem Grab der Maria Clementine Martin stehen sieht.

Wir befinden uns auf dem Kölner Friedhof Melaten, der durch seine zahlreichen denkmalgeschützten Gräber, durch seine prachtvollen alten Bäume, durch seine Größe und Gestaltung wohl jeden Besucher beeindruckt. Auf der sogenannten Millionenallee hat sich einst die wohlhabende Oberschicht des 19. Jahrhunderts mit pompösen Grabmalen verewigt. Dieser vielleicht bedeutendste Gottesacker des Rheinlandes war aber nicht immer die »erste Wahl« für die verstorbenen Persönlichkeiten der Stadt. Zurück bis ins Mittelalter läßt sich die faszinierende Geschichte dieses Friedhofs verfolgen. Der Name Melaten (von malade = krank) verweist auf die ursprüngliche Bedeutung des Ortes. Bis ins 17. Jahrhundert lebten hier nämlich die von der Gesellschaft isolierten Leprakranken. Zudem war dieses Gebiet die wichtigste Hinrichtungsstätte Kölns. Aufrührer, vermeintliche Ketzer und zahlreiche Mädchen und Frauen, die als Hexen verbrannt wurden, zählten zu den Opfern des Blutgerichts. Die letzte öffentliche Hinrichtung fand übrigens am 13. Juli 1797 statt - der Kirchenräuber Peter Eick wurde gehängt.

Das Areal wurde 1810 zum neuen Zentralfriedhof und ersetzte damit die mittelalterlichen Kirchhöfe der Altstadt, nachdem Napoleon 1804 verfügt hatte, daß die Toten aus hygienischen Gründen außerhalb der Stadt beizusetzen seien.

Zurück aber zu dem besagten Grab jener Frau Martin in der Nähe der schönen, romantisch mit Efeu bewachsenen Friedhofskapelle an der Mauer, die diesen Gottesacker von der vielbefahrenen Aachener Straße trennt. Ein einfaches steinernes Grabkreuz markiert die letzte Ruhestätte einer der bekanntesten Kölner Unternehmerinnen. Eine Ordensfrau? Tatsächlich lesen wir auf dem Sockel des Kreuzes:

Hier
ruht die ehrwürdige
Jubilar-Klosterfrau
MARIA CLEMENTINE
MARTIN
Geboren zu Brüssel
den 5. Mai 1775
Eingetreten in den hl. Orden
den 2. Oct. 1792
gest. den 9. Aug. 1843
R.I.P.

Gräber, so sagt man, erzählen Geschichten, die sehr persönlichen Geschichten ihrer Toten. Aber so stimmt das wohl nicht - zumindest tun sie es nicht von allein. Ganz im Gegensatz zu dem Jungen, der mit seiner Mutter ein Grab in der Nähe pflegt. Er plaudert munter los: Diese Frau, so erfahre ich, habe eine Kräutermedizin erfunden, die man schlucken müsse, einreiben ginge aber auch. Die Nonne sei praktisch der Nachbar des Doms gewesen, und ihre Nachfahren verkauften bis heute diese Medizin. Gegen welche Krankheiten sie hilft, wisse er allerdings nicht. Bevor der eifrige Jung-Historiker nun anfangen kann, sich über die Anwendungsgebiete dieses berühmten Wassers Gedanken zu machen, wird er leider von seiner Mutter zurückgerufen.

Wie war das nun mit der Ordensfrau und der Kräutermedizin? Wieso konnte eine Nonne überhaupt ein weltliches Gewerbe gründen und es sogar zu einem florierenden Unternehmen machen?

Geboren wurde sie im Mai 1775 in Brüssel. Im Jahre 1783 zog sie mit ihren Eltern nach Jever in Friesland, wo der Vater am Hofe eines deutschen Fürsten stationiert war. Als das Mädchen 17 Jahre alt war, starb die Mutter, und so wurde Maria Clementine kurzerhand in das Annunziaten-Kloster in Coesfeld gesteckt. Es war die Zeit, in der in Paris die Revolution wütete und später die französische Revolutionsarmee sich anschickte, die Grenzen Frankreichs zu überschreiten - »Krieg den Palästen, Friede den Hütten«. Im Jahre 1794 marschierte das Revolutionsheer auch in Köln ein, und vier Jahre später wurde die Stadt mit den übrigen linksrheinischen Gebieten in den französischen Staatenverband eingegliedert.

Fernab von diesen Unruhen und Kriegswirren erlernte Maria Clementine Martin in dem zu dem münsterländischen Kloster gehörigen Hospital die Krankenpflege und erwarb zugleich nützliche Kenntnisse auf dem Gebiet der Arzneimittelherstellung. Doch die historische Entwicklung der kommenden Jahre war auch für eine relativ isoliert lebende Ordensfrau nicht ohne Bedeutung. Napoleon I. hatte mit eisernem Willen begonnen, für sein Ziel eines neuen abendländischen Großreichs unter französischer Vorherrschaft Krieg zu führen. 1803 sollte ein politischer Beschluß äußerst gravierende Veränderungen für die junge Ordensfrau mit sich bringen: Im Rahmen des Reichsdeputationshauptschlusses wurden nicht nur zahlreiche Kirchen geschlossen, sondern auch Klöster und Stifte säkularisiert.

So waren die Nonnen plötzlich weltliche Personen und einer weltlichen Herrschaft untergeordnet. Das Kloster der

Maria Clementine Martin ging an die Fürstin zu Salm Rheingräfin zu Coesfeld, die sich verpflichten mußte, auch den vielen nun außerhalb der Klostermauern lebenden Nonnen eine kleine Pension zu zahlen.

Nur sehr wenig weiß man über das Schicksal jener Ordensfrauen, die nun herausgerissen aus der klösterlichen Abgeschiedenheit plötzlich auf sich allein gestellt waren und für ihren Lebensunterhalt sorgen mußten. Viele von ihnen, so auch Maria Clementine Martin, widmeten sich der Krankenpflege und arbeiteten in Hospitälern. Auch in den zahlreichen Militär-Lazaretten wurden Krankenschwestern dringend gebraucht, da Napoleon Europa mit Schlachtfeldern übersäte. Seit der Auflösung des Klosters lebte Frau Martin in Tierlemont, in der Nähe von Brüssel. Und so kam es, daß sie bei der Entscheidungsschlacht in dem belgischen Dörfchen Waterloo als eine der ersten Helferinnen zur Stelle war, um die Verwundeten zu versorgen. Überaus mutig soll sie bereits während der Schlacht, als die Sanitätskolonnen noch in Deckung verharrten, unter den verletzten Soldaten erste Hilfe geleistet haben. Der preußische König Friedrich Wilhelm III. war auf diesen vorbildlichen Einsatz aufmerksam geworden und veranlaßte, daß ihr eine jährliche Pension von 160 Talern gezahlt wurde.

Zusammen mit dem Geld der Fürstin zu Salm Rheingräfin zu Coesfeld hatte sie nun ein bescheidenes, aber gesichertes Einkommen. Für die weiteren zehn Jahre verliert sich leider ihre Spur. Historisch gesichert ist erst wieder der 25. April 1825, der Tag, an dem sie nach Köln gezogen ist.

Die ehemalige Handelsmetropole und stolze Reichsstadt war zu jener Zeit verelendet. Mißernten, Hungersnöte und Epidemien kehrten in regelmäßigen Abständen wieder, und um 1815 waren unter den 49.000 Einwohnern Kölns knapp 20.000 Almosenempfänger. Nach dem Ende der Franzosenherrschaft gehörte Köln zu Preußen. Daß das rheinische Wesen mit der strengen, wenig liberalen Mentalität des preußischen Staates nicht gerade harmonierte und daß hier Katholiken und Protestanten aufeinandertrafen, führte natürlicherweise zu einer gewissen Skepsis auf seiten der Rheinländer. Das unbeholfen-rigide Auftreten einiger preußischer Amtsträger nahmen sie hingegen oft mit Humor. Schließlich gewährte der preußische Staat eine gewisse wirtschaftliche Freizügigkeit, die es den Bürgern ermöglichte, nach und nach Gewerbe und Industrie zu entwickeln.

Als Maria Clementine Martin nach Köln kam, zog sie zunächst vorübergehend in das Haus des Domvikars Gumperts - vermutlich um den 86jährigen Mann zu pflegen. Dann, nach dem Tod des Vikars, siedelte sie sich in einem Haus direkt an der Südseite des Domes an. Dieser war jedoch damals bekanntlich noch eine jahrhundertealte Baustelle.

In dem Hause mit der Adresse Domhof 19 begann sie nun, einen kleinen Destillationsbetrieb aufzubauen. Über Anlässe und Motive zu dieser Unternehmensgründung kann man nur Vermutungen anstellen. Anscheinend hatte sie wenig Interesse, in einen der vielen neu entstehenden Orden einzutreten, und wahrscheinlich hatte sie erfahren, daß in der Stadt Köln die Produktion von Duft- und Heilwassern recht lukrativ war. Andererseits ging sie ein großes unternehmerisches Risiko ein, um es mit einem modernen Begriff zu beschreiben. Bereits 1822 gab es in Köln 64 Betriebe, die »Eau de Cologne« herstellten - die meisten allerdings waren kleine Familienbetriebe mit handwerklichem Charakter, und viele dieser Mini-Unternehmen schlossen nach kurzer Zeit wieder. Am erfolgreichsten war das älteste, 1709 gegründete Haus von Johann Maria Farina, das bereits 1815 bis nach Frankreich, England und bald auch bis nach Rußland und in die USA exportierte. Konkurrenz bekam die ehemalige Ordensfrau auch durch die 1792 gegründete Firma des Ferdinand Mülhens, berühmt geworden mit der Marke »4711«.

Frau Martin bewies jedoch überraschendes unternehmerisches Geschick. Neben dem »Eau de Cologne« produzierte sie nach klösterlichem Geheimrezept »Melissen- und Karmelitergeist«. »...An den Klöstern zu Coesfeld und Brüssel erlernte ich die Kunst, das ächte Carmeliter- oder Melissenwasser zu verfertigen, und später erhielt ich durch die Vermittlung guter Menschen ein Rezept zur Bereitung des besten Kölnisch Wassers«, so berichtete sie selbst später in einem Brief. Der bis heute bekannte »Melissengeist« war zwar eine clevere Ergänzung ihres kleinen Angebots, aber mitnichten eine Erfindung der Maria Clementine Martin. Tatsächlich wurde dieses Heilwasser bereits im 17. Jahrhundert in Paris hergestellt. Frau Martin betonte jedoch stets die besondere Qualität ihrer Zubereitung. Und das sollte sie gut zu vermarkten wissen.

Zunächst begann sie in der örtlichen Presse Anzeigen zu schalten. Sie war recht erfolgreich, und zusammen mit ihrer Magd Margarethe Graß produzierte und verkaufte sie ihr eigenes Kölnisch Wasser - »die große Flasche zu 6 Silbergroschen, 3 Pfennig« - und das »innerlich desinfizierende« Heilwasser. Aber, wie es salopp heißt, die Konkurrenz schläft nicht. Ihre Produkte und ihr Name wurden imitiert. Dabei ging es ihr allerdings nicht schlechter als anderen erfolgreichen Unternehmen dieser und anderer Branchen. Die Tatsache, daß populäre Marken kopiert werden, ist eben kein Problem der Neuzeit. Damals gab es jedoch keine Handhabe gegen diese Art von Ideen- und Imageraub. Fehlende Gesetze zum Schutz eines Produktes waren die Kehrseite der Gewerbefreiheit jener Zeit und führten zu einer breiten Rechtsunsicherheit und zu jahrelangen Auseinandersetzungen zwischen den Fabrikanten.

Maria Clementine Martin fürchtete diese Zänkereien und ärgerte sich doch oftmals über die »Unbilden und Beeinträchtigungen feindselig gesinnter Menschen«. Eine fast geniale Idee sollte aber ihr Problem lösen: Im November 1829 erinnerte sie den König Friedrich Wilhelm III. an ihre Verdienste in der Schlacht bei Waterloo und bat ihn dann geschickt um die Gunst, den Preußischen Adler auf ihren Fabrikaten führen zu dürfen. »...So darf denn auch eine arme Klosterfrau... es wagen, Allerhöchstdieselben ein Gesuch demüthigst vorzutragen, in dessen Gewährung sie den schönsten Lohn ihrer täglichen inbrünstigen Gebethe für das Wohl Eurer Majestät und Ihres ganzen Hauses für die kurze Zeit bis zur Vollendung ihrer irdischen Laufbahn sehen würde...«

Seine Majestät antwortete bereits drei Wochen später, und er war tatsächlich bereit, ihr dieses Privileg zu gewähren, sofern »kein Umstand obwaltet«, also kein anderer Fabrikant bereits den Adler auf seinen Etiketten trägt. Das Innenministerium prüfte innerhalb einer unpreußisch schnellen Frist das Anliegen und kam zu dem Schluß: »Indem wir im Auftrage des königlichen hohen Ministerii des Innern Sie hiervon benachrichtigen, gereicht es uns zum besonderen Vergnügen, Ihre, auf die Vervollkommnung der genannten Fabricate verwandte Sorgfalt auf eine so ehrenvolle Weise anerkannt zu sehen.«

Mit diesem Schutzzeichen hatte es die zähe, resolute Unternehmerin zunächst einmal geschafft, sich von der Konkurrenz abzuheben. Im Jahre 1832 - das Geschäft prosperierte - errichtete sie ein Depot in Berlin, um ganz Preußen noch schneller beliefern zu können. Erste Exportversuche nach Belgien und den Niederlanden sowie die

Erweiterung der Produktpalette um Räucherbalsam, Schnupfpulver und die Heiltinktur »Vier-Räuber-Essig« waren die nächsten Schritte zur Expansion. Die Klosterfrau, wie sie schon bald im Volksmunde hieß, war nun auch in der Lage, das Haus Domhof 19, in dem sie wohnte und produzierte, zu kaufen.

Daß der Melissengeist im 19. Jahrhundert so populär war, liegt unter anderem in der Situation der Medizin jener Zeit begründet. Im Jahre 1825, als Frau Martin sich in Köln ansiedelte, gab es lediglich 44 Ärzte bei knapp 60.000 Einwohnern. Infektionskrankheiten wie Typhus, damals noch als »Nervenfieber« bezeichnet, Seuchen und Geschlechtskrankheiten grassierten; die Säuglingssterblichkeit lag bei 18 Prozent, und besonders in den ärmeren Familien starben unzählige Bürger den langsamen Tod der Schwindsucht, starben also an Lungentuberkulose. Systematische Schutzimpfungen hatten sich noch nicht durchgesetzt, die hygienischen Verhältnisse waren zum Teil katastrophal, und einen Arzt konnte sich natürlich auch nur der gutbetuchte Bürger leisten. Ansonsten suchte man den Barbier oder den Apotheker auf, oder man griff bei etwas harmloseren Beschwerden auf Hausmittel zurück. Heilkräuterbücher waren ja schon seit der Erfindung des Buchdruckes im Volke weit verbreitet. Die Melisse galt seit jeher als ein hervorragendes Mittel gegen Schlaflosigkeit, Magenbeschwerden und Herzprobleme. Und in den Klöstern wurden die verschiedenen weingeisthaltigen Melissenheilwasser zubereitet, eben Destillate aus Melisse und vielen weiteren Pflanzen. Jedes Rezept, sowohl das Mischungsverhältnis als auch die Zubereitung, war natürlich ein sorgsam gehütetes Geheimnis.

Der Melissengeist der Maria Clementine Martin stammte aus der Tradition der Carmeliterklöster, einem Orden aus Spanien, der über Umwege nach Deutschland gelangt war.

Die Klosterfrau hütete das Geheimnis »ihres« Melissengeistes streng, vermarktete es aber auch ebenso konsequent. In der sehr lesenswerten kleinen Schrift des Kölner Unternehmens über die Begründerin des Hauses Klosterfrau Melissengeist erfahren wir unter anderem auch, wie und wogegen dieses Präparat anzuwenden sei. Die ursprüngliche Anweisung der Klosterfrau weist darauf hin, daß durch das »Einnehmen eines halben Eßlöffels voll, vermischt mit einer gleichen Quantität frischen Brunnenwassers« die Sinne belebt und die Nerven gestärkt werden, und es wirke sehr »wohlthätig bei Ohnmachten, Schlaganfällen, Schwächen und Unverdaulichkeit des Magens«. Durch das Einreiben oder mittels getränkter Kompressen könne man Beschwerden wie Kopfweh, Zahnschmerzen oder Rheuma lindern. Und obwohl heutzutage nicht alle diese Beschwerden mehr mit diesem Heilwasser gelindert werden und wir Antibiotika, Schmerztabletten und Notärzte haben, ist das Heilwasser Klosterfrau Melissengeist, laut Firmeninformation, in jedem dritten Haushalt vorrätig - vielleicht auch wegen einer bewußteren Einstellung zur Gesundheit, und vielleicht auch wegen der Hinwendung zur sanfteren Naturmedizin und zu homöopathischen Mitteln. Heute wirkt es allerdings nicht mehr gegen korsettbedingte Ohnmachten, sondern vor allem gegen Streß, innere Unruhe, Wetterfühligkeit und Muskelkater. Beschwerden spiegeln eben auch das Bild einer Epoche.

Ob nun heute gegen Streß oder damals gegen katarrhalische Anfälle - der Melissengeist der Klosterfrau hat sich einen festen Platz in den Haushalten erobert - und das gewiß nicht nur wegen seines recht hohen Alkoholgehaltes. Daß besonders die Damenwelt den »Geist« der Klosterfrau schätzt und das Heilwasser anstelle eines Schnäpschens (natürlich vorbeugend gegen all das Unwohlsein) trinkt, wird gelegentlich behauptet.

Fest steht jedenfalls, daß sich die ehemalige Ordensfrau erstaunlich geschickt und schnell in den marktwirtschaftlichen Verhältnissen zurechtgefunden hat. Keineswegs weltfremd, demütig und scheu, wie man es von einer Nonne erwarten mag, sondern, im Gegenteil, realistisch, selbstbewußt und kämpferisch setzte sie ihre Ziele durch. Da die Konkurrenz stets ihr größtes Problem war und bald auch begann, den Preußischen Adler ihres Etiketts zu »rauben«, versuchte sie sogar beim Preußischen König ein Exclusiv-Privileg für den Melissengeist zu bekommen. Aber die Erteilung eines Monopols widersprach der allgemeinen Gewerbefreiheit am Rhein. In diesem Punkt mußte sich Maria Clementine Martin zwar mit einer Niederlage abfinden, aber die geschäftstüchtige Frau erkannte, daß Beurteilungen von Ärzten doch auch eine recht werbewirksame Bedeutung haben können. Ähnlich wie heute viele Firmen mit »guten« Ergebnissen unabhängiger Warentester und mit Expertenurteilen werben, so holte auch die Klosterfrau einige ärztliche Gutachten über die Wirksamkeit des Melissengeistes ein. Und in den Prospekten betonte sie alsdann, daß »rühmlichst bekannte Ärzte die Güte, Kraft und Wirkung des Spanischen Carmeliter-Melissen-Geistes in den mannigfaltigsten Leiden« attestiert haben.

Über Durchsetzungskraft und Geschäftssinn verfügte sie zweifellos, und beides war zu Beginn des 19. Jahrhunderts, mehr noch als heute, notwendig, um als Frau ein Unternehmen zu führen. Im Rahmen eines Symposiums über Unternehmerinnen, das im Jahre 1988 stattfand, weist die Klosterfrau-Archivarin Petra Witting auf das Selbstverständnis der Gründerin hin: Als ehemalige Nonne und alleinstehende Frau, die ihren Lebensunterhalt selbst verdienen mußte, noch dazu stets ein wenig kränkelnd, habe sie mit ihren Anliegen und Bitten in geschickter Weise stets an den Beschützerinstinkt der einflußreichen Persönlichkeiten appelliert.

Daß sie jedoch nach ihrem Tod den Gehilfen Peter Gustav Schaeben und nicht ihre langjährige, ebenso qualifizierte Magd zum Erben machte, mag verwundern. Daß diese jedoch bereits ein Jahr nach dem Tod der Chefin ein eigenes Unternehmen unter dem Firmennamen »Margarethe Graß, Gehülfin der seligen Klosterfrau« gründete und der Firma Klosterfrau große Konkurrenz machte, ist fast naheliegend. Erst 82 Jahre später, also 1926, wurde sie jedoch aufgekauft und gehört seitdem zum Unternehmen »Klosterfrau Melissengeist«, das heute längst in eine sehr viel größere Fabrik an der Gereonsmühlengasse in Köln-Mitte umgezogen ist.

Obwohl über diese bemerkenswerte Unternehmerin im Nonnengewand nur sehr wenig geschrieben und geforscht wurde, haben die Kölner sie in jüngster Zeit als historische Persönlichkeit der Stadt entdeckt. Als eine der 18 Frauen unter den 124 ausgewählten bedeutenden Persönlichkeiten Kölns, schmückt die Steinfigur der Klosterfrau die Fassade des Ratsturms. Mit dem Aufstellen der Figuren und dem Ratsturm-Fest im Jahre 1995 endete nicht nur ein jahrelanges Hin und Her unter den Stadthistorikern, den Politikern und den Künstlern, sondern nun war auch endgültig entschieden, wer offiziell zur Stadtgeschichte gehörte und wer die Stadt durch die Jahrhunderte repräsentiert hatte. Die Unternehmerin, die zeit ihres Lebens auf die Standes-Bezeichnung »Klosterfrau« großen Wert legte, hat dort ebenso wie Albertus Magnus, Heinrich Böll, Konrad Adenauer und Irmgard Keun ihren Platz bekommen.

Maria Clementine Martin starb am 9. August 1843. Beigesetzt wurde sie unter großer Anteilnahme der Kölner Bürger auf dem Friedhof Melaten, der zu jener Zeit noch weit vor den Toren der Stadt lag.

Damals wie heute mahnen die von Ferdinand Franz Wallraf (1748-1824) verfaßten Inschriften am Haupteingang an der Aachener Straße: »Funeribus Agrippinensium sacer locus«, »Have in beatius aevum seposta seges« und »Trans non sine votis mox noster« (»Für die Toten Kölns ein heiliger Ort«, »Gruß Dir auf bessere Zukunft gesäte Saat« und »Geh'nicht vorüber ohne Gebete, Du, bald der Unsrige«).

Der Medicus von Bochum, die Alchimie und die komische Dichtung

Carl Arnold Kortum (1745-1824)

Im Jahre 1769 veröffentlichte das Duisburger »Intelligenzblatt« die Gedanken eines jungen Bochumer Arztes zu Genuß- und Ernährungsfragen. Der Verfasser machte unter anderem den Vorschlag, die teuren Kaffeebohnen durch kleine Pferdebohnen oder Wieselbohnen zu ersetzten. Das war eine durchaus interessante Idee, aber erst drei Jahrzehnte später, zur Zeit der Franzosenherrschaft, gelang es diesem Arzt, ein Büchlein »Der Kaffee und seine Stellvertreter« zu veröffentlichen. Da man in diesen Jahren zur Sparsamkeit gezwungen war, fand die Publikation recht großen Zuspruch bei den deutschen Lesern. Und so fühlte sich der Autor ermuntert, ein nächstes Buch zum Thema »Der Tee und seine Stellvertreter« zu schreiben. Doch der Erfolg war diesmal weniger durchschlagend - dies mag daran gelegen haben, daß die Franzosen das Land nun wieder verließen und die größte Not ein Ende hatte. Wahrscheinlicher ist aber, daß man sich nicht so recht mit dem vorgeschlagenen Surrogat anfreunden wollte. Heu als Tee-Ersatz war eben nicht jedermanns Geschmack...

Der einfallsreiche Autor war Carl Arnold Kortum, Arzt, Dichter, Humorist, Alchimist und Heimatforscher. Geboren am 5. Juli 1745 in Mülheim an der Ruhr, erwartete man schon recht früh von ihm, die Apotheke seines Vaters weiterzuführen. Als dieser jedoch schon drei Jahre nach der Geburt seines Sohnes verstarb, hatte die Mutter einige Mühe mit dem Knaben und seiner Erziehung. Seine »geistigen Anlagen« ließen sehr zu wünschen übrig, und es war ihm zunächst schier unmöglich, das Alphabet zu erlernen. Erst, so besagt eine Anekdote, als ein Privatlehrer den Einfall hatte, die Buchstaben und Worte aus Bretzelstücken zusammensetzen zu lassen und bei Erfolg dem Schüler zum Verzehr anzubieten, zeigten sich langsam einige Fortschritte. Karl Arnold bekam im wahrsten Sinne des Wortes Geschmack an Schrift und Sprache und verschlang von nun an alle Bücher der kleinen Hausbibliothek.

Bald lernte er auch Latein, Französisch und ein wenig Hebräisch und wechselte zum Archigymnasium nach Dortmund. Während man hier vergebens versuchte, ihn für den geistlichen Beruf zu gewinnen, entwickelte der Schüler seine Neigung für Satirisches und Derb-Spöttisches. In seinem Hauptwerk, der »Jobsiade«, erinnert sich Kortum immer wieder in ironischer, aber auch liebevoller Weise an seine Dortmunder Schulzeit. Viel prägender war jedoch die folgende Studentenzeit. Mit 18 Jahren ging Kortum nach Duisburg, um sich an der Universität dem Studium der Medizin und der Arzneiwissenschaft zu widmen. In jenen Jahren, als lediglich 50 eingeschriebene Studenten die kleinen Hörsäle Duisburgs betraten, war es gang und gäbe, daß man »bisweilen über die Grenzen erlaubter Ergötzlichkeit ausschweifte«. Trotz der lustigen Studentenjahre war Kortum tüchtig und ehrgeizig. Seine Studien umfaßten Physiologie, Pathologie, Physik, Botanik, Zoologie und »Hebammenwissenschaft«. Außerdem besuchte er Vorlesungen in den theologischen und historischen Fakultäten. 1766 promovierte er mit einer Dissertation über Epilepsie und ging für kurze Zeit nach Berlin, um Kurse in Anatomie und Chirurgie zu belegen.

Als praktischer Arzt ließ er sich 22jährig in seiner Heimatstadt Mülheim nieder, um im elterlichen Hause eine Praxis zu führen. Kortum war ein tüchtiger und geschickter

Doktor, der bei seinen Patienten überaus beliebt war. Verlockende Angebote aus Lennep und Hagen schlug er aus, und möglicherweise wäre er zeit seines Lebens in Mülheim an der Ruhr geblieben, wenn nicht seine Cousine Margarethe Ethinger aus Bochum aufgetaucht wäre und ihm den Kopf verdreht hätte. Als die beiden beschlossen, zu heiraten, setzten die Verwandten alles daran, den 25jährigen nach Bochum zu holen, zumal dort ein akademisch ausgebildeter Arzt fehlte. Kortum ließ sich überreden und zog in die Stadt, in der er mehr als fünf Jahrzehnte seines Lebens verbringen sollte.

Mit seinen knapp 1.500 Einwohnern war Bochum in diesen Jahren ein kleines Städtchen, in dem Ackerbau und Viehzucht betrieben wurde, in dem die ersten Kohlebergwerke entstanden und jeder Bürger eine oder mehrere Kühe hielt. Auch hier war Kortum bald ein beliebter und vielbeschäftigter Arzt, dessen Patienten aus Gelsenkirchen, Herdecke und Recklinghausen anreisten, um sich von ihm behandeln zu lassen. 1792 übertrug man ihm auch das Amt des »Bergarztes nordwärts der Ruhr«, und dies bedeutete zusätzliche 40 bis 70 Patienten pro Tag.

Trotz der enormen Arbeitsbelastung blieb ihm auf wundersame Weise noch genügend Zeit, seinen vielen Interessen nachzugehen. Er pflegte seinen botanischen Garten, bebilderte Kräuterbücher und schrieb medizinische Bücher, zum Beispiel das »Gesundheitsbüchlein für Bergleute«. Viele andere Titel, die sich mit ärztlichen Fragen beschäftigen, klingen für heutige Ohren recht originell: »Von der wunderbaren Wirkung eines Schreckens«, »Anweisung, sich gegen alle ansteckenden Krankheiten zu verwahren, für solche, welche nicht selbst Ärzte sind« oder »Vom Urin als Zeichen in Krankheiten«. Zum Teil wissenschaftlich durchaus fundiert, zum Teil aber auch populär formuliert, veröffentlichte

Kortum auch in anderen Bereichen Beiträge. Hierzu gehören seine Schriften: »Über die Unschädlichkeit der Kirchhöfe« und »Grundsätze der Bienenzucht besonders für die westfälischen Gegenden«. Bekannt geworden ist Carl Arnold Kortum damals besonders durch seinen Vorschlag »Vom Nutzen und der Bereitung der Rumfordschen Suppe«. Die Situation des überfüllten Bochumer Gefängnisses war Anlaß für diese praktische Idee. Ganze Räuberbanden, die die Mark und ihre Nachbargebiete um 1800 unsicher machten, waren inhaftiert worden und mußten kostengünstig ernährt werden. Gerne griff man daher auf das Rezept der Gefängnissuppe aus Gerstenmehl, Erbsen, Kartoffeln und Brot zurück.

Auch zu Fragen der Technologie, der Staatskunde und der Geschichte äußerte er sich in vielen Aufsätzen. Besonders die Alchimie lag ihm am Herzen. Wenn Kortum über den 200 alchimistischen Büchern und Handschriften seiner Hausbibliothek brütete, kam er immer wieder in Versuchung, die klassischen Versuche der Metallverwandlung durchzuführen. In der Hoffnung, in der Steinkohle die »materia prima«, also jenes Grundprodukt, das sich für eine Transmutation eignen soll, zu finden, stieß er aber immer wieder an seine Grenzen. Er entdeckte weder jene eigenschaftslose Grundmaterie noch den gesuchten Stein der Weisen, jene Substanz, mit deren Hilfe man, so glauben die Alchimisten, auf viele unedle Stoffe und große Stoffmengen die Eigenschaften eines Edelmetalles (vorzugsweise Gold) übertragen kann.

Kortum blieb aber leider nicht nur erfolglos, sondern er verbrannte sich obendrein durch Phosphor seine rechte Hand. Nichtsdestotrotz glaubte er an die Ziele und Verfahren der Alchimie und fand in seinem Freund Dr. Bährens aus dem westfälischen Schwerte einen Mitstreiter gegen alle

Vorwürfe seitens eingeschworener, sogenannter aufgeklärter Gegner. Im Jahre 1796 gründeten die beiden die »Hermetische Gesellschaft«, die es sich zur Aufgabe gemacht hatte, »alle Liebhaber der Alchimie an sich zu locken, damit sie ihre etwaigen Erfahrungen mitteilten und offenherzig würden«. Es mag als ein letztes Aufflackern der fast überwundenen Disziplin der Alchimie in Deutschland bewertet werden, und amüsant muten die zahlreichen Anfragen der nach Gold strebenden Laboranten an. Aber selbst Kortum konnte bald nicht umhin, die Anregungen und Aufsätze der Hobbychemiker, die von nun an sehr zahlreich im Reichsanzeiger abgedruckt wurden, nur noch süffisant bis sarkastisch zu kommentieren. Der »edle gemeinnützige Zweck« der Hermetischen Gesellschaft war in den Hintergrund gerückt. Und so zog sich der Bochumer Arzt zurück, sicherlich nicht nur, wie er begründete, wegen »Alter, Schwäche und vieler Geschäfte«, sondern, weil Kortum stets großen Wert darauf legte, als seriöser Wissenschaftler anerkannt zu werden.

Wie abwegig seine geistigen Ausflüge in die Alchimie, eine Disziplin, die immer auch mit Spiritualität und Mystik verbunden ist, einem modernen positivistisch ausgerichteten Naturwissenschaftler heute erscheinen müssen, ist leicht vorstellbar. Viel wichtiger als die Exaktheit seiner Daten und Versuche sollte man aber die Tatsache werten, daß Kortum, ein in vieler Hinsicht gebildeter und belesener Mann, alles andere als ein einseitiger Spezialist war.

Neben seinen mehr oder minder beachteten Büchern und Aufsätzen in den erwähnten Bereichen hat sich Kortum auch im Bereich der Dichtung versucht. »Der Märtyrer der Mode« oder »Adams Hochzeitsfeier, ein komisches Gedicht« lassen bereits ahnen, daß er keineswegs ernste, schwere Literatur anstrebte oder einen erzieherischen Anspruch hatte. Eigenwillig hob er sich von der glanzvollen Epoche der Weimarer Klassik ab. Die komische Dichtung, satirische Schwänke waren sein Metier.

Als Autor der »Jobsiade«, an die heute der sehenswerte Kortumbrunnen auf dem Husemannplatz in Bochum erinnert, ist Carl Arnold Kortum in die deutsche Literaturgeschichte eingegangen. Dieses 1784 bei Philipp Heinrich Perrenon in Münster und Hamm erschienene »Heldengedicht« mit dem ursprünglichen Titel »Leben, Meynungen und Thaten von Hieronimus Jobs, dem Kandidaten, und wie Er sich weiland viel Ruhm erwarb, auch endlich als Nachtwächter zu Schulzburg starb« war für viele Jahre ein Volksbuch, das sogar ins Schwedische, Polnische und Englische übersetzt wurde.

Die höchst amüsante Geschichte des Helden Hieronimus Jobs wird gern erzählt: In dem schwäbischen Städtchen Sulzburg (in späteren Ausgaben hieß es Schildburg) lebte die Familie des Ratsherrn Hans Jobs, kurz charakterisiert mit den Worten:

Er war reich, hatte Schafe, Kühe und Rinder,
Auch außer unserem Helden noch viele Kinder.

Kurz vor der Niederkunft eines weiteren Knaben hat die Frau Ratsherrin einen seltsamen Traum.

Sie hatte ein gewaltiges großes Horn
Statt eines kleinen Kindleins geborn.

Da dieses Horn sogar laut tönte, war die Deutung des Traums recht einfach. Es würde sicherlich ein ehrwürdiger Pfarrer aus dem Kinde werden - ein Gottesmann mit kräftiger Stimme und Überzeugungskraft. Doch bereits als Baby verhält sich Hieronimus Jobs nicht so, wie es einem anständigen, niedlichen Kleinkind geziemt,

Sondern lärmte schier oft ganze Tage
Und erhub in der Wiege bittere Klage.

Obendrein war er ausgesprochen hungrig, um nicht zu sagen, verfressen. Und als der Knabe in die Schule kam, wurde das ganze Elend keineswegs gemildert, denn er...

Zankte und neckte auch oft beim Spiel
Und machte der losen Streiche viel...

Auch lernte er ohne sonderliche Mühe
Lügen, fluchen und schwören frühe.

Seine Eltern waren jedoch immer noch davon überzeugt, daß sich die Prophezeiung erfüllen und ein redlicher Pfarrer aus ihm werden würde, schließlich hatte er tatsächlich eine kräftige Lunge und predigte lauthals von der Schulbank herab - wenn auch nicht unbedingt sehr pietätvoll. Ausgestattet mit dem Segen des Vaters und dem Ersparten der Mutter, zieht der junge Mann nach seiner Schulzeit los, um an der Universität Theologie zu studieren. Aber bereits auf dem Weg dorthin verspielt er das Geld und fällt der schönen, aber raffinierten Amalie Ripsraps in die Hände. So verliert er auch noch bei »süßer vertraulicher Zärtlichkeit« seine Uhr.

Das lustige Studentenleben allerdings war ganz nach seinem Geschmack:

Wein, Tobak und Bier war sein Leben,
Er tat dabei die Stimme hoch erheben,
Wenn er mit lautem starken Klang
Das gaudeamus igitur sang.

Kleider und Bücher tat er versetzen
Und sich dafür mit Schmausen ergötzen,

Kurz zu sagen, zu seiner Zeit
Übertraf ihn keiner an Lustigkeit

Sehr einfallsreich ist Hieronimus, wenn es darum geht, seine Eltern um Geld zu bitten.

Außer die nötigsten Kosten und Speise
Erspar ich, liebe Eltern! auf alle Weise
Und trink vor'n Durst kaum einmal Tee,
Denn Geld ausgeben tut schrecklich mir weh!

Nach drei Jahren »mühseliger« Studentenzeit fällt der Kandidat Hieronimus Jobs kaum überraschend durchs Examen. Der Vater stirbt vor Gram, und der nichtsnutzige Sohn ist fortan gezwungen, sich mit verschiedenen Tätigkeiten durchs Leben zu schlagen. So wird er Sekretär und später Lehrer in dem Dörfchen Ohnewitz. Auch leistet er einer alten frommen Dame Gesellschaft, entschließt sich aber zur Flucht, als er bemerkt, das diese ihn nicht nur mit auserlesenen Speisen verwöhnen will. Sogar unter die Schauspieler wagt er sich. Dort trifft er zu seiner größten Freude Amalie wieder. Ganz selbstverständlich verliebt er sich erneut und wird auch nicht mißtrauisch, als diese ihm eine Uhr als Geschenk überreicht - dieselbe Uhr, die sie ihm ehemals gestohlen hatte. Schließlich, nach vielen Abenteuern und enttäuschter Liebe, kehrt der Held wieder nach Sulzburg zurück und erhält die Möglichkeit, die Stelle des verstorbenen Nachtwächters anzunehmen.

Jedoch mußte er sich vorhero bequemen,
des vorigen Wächters Witwe zur Frau zu nehmen.

Mit dem Horn und der Frau des Nachtwächters hat der Scharlatan Hieronimus Jobs nun nicht nur eine würdevolle Anstellung, sondern gleichzeitig erfüllt sich auch, zumindest teilweise, auf wundersame Weise der Traum der Mutter. Im Alter von vierzig Jahren wird er als berühmter und ehrbarer Bürger zu Grabe getragen.

Skurril, manchmal ein wenig derb ist die in Knittelversen verfaßte Geschichte, die Carl Arnold Kortum zunächst anonym veröffentlichte. Gelungen ist die Verknüpfung von Form und Inhalt, köstlich sind die verlodderten und ruchlosen, aber auch die naiv-dummen Charaktere, amüsant sind die burlesken Situationen des gescheiterten, dreisten Theologiekandidaten und treffend Kortums eigene Illustrationen. Der Witz dieser Posse wird dadurch unterstrichen, daß Kortum sich über alle Gesetze der Grammatik, des Metrums und der Orthographie anscheinend willkürlich hinwegsetzt. So wie er Figuren schafft, die nichts mehr zu tun haben mit den Helden der klassischen Dichtung, so handhabt er auch die deutsche Sprache.

Aber, diese Frage trifft jedes literarische Werk, was ist die Intention des Werkes? In seinen Lebenserinnerungen beantwortet der Dichter dies selbst: »Sie ist eine Satyre auf den damals herrschenden Volkston in Romanen.« In einer Zeit, in der der feinfühlige Leser oder die empfindsame Leserin die Höhepunkte deutscher Literatur, insbesondere die Werke Goethes und Schillers, in Händen hielten, schuf Kortum sozusagen ein Kontrastprogramm - kernig, geradeheraus und fern aller edlen und vornehmen Verhältnisse und Gefühle.

Sein umfangreiches Versopus war erfolgreich, so erfolgreich, daß Kortum sich gerne veranlaßt sah, einen zweiten und dritten Teil als Fortsetzung zu veröffentlichen. Dies fiel ihm nicht schwer, denn er ließ sein Original Hieronimus Jobs kurzerhand wieder auferstehen. 1799 erscheint die erste komplette Ausgabe. Leider schlägt der Held nun ein recht anständiges Leben ein - manch ein Leser mag enttäuscht sein. Aus dem dummdreisten Schmarotzer von einst wird ein mustergültiger, vergleichsweise langweiliger Pfarrer und Ehrendoktor. Er kehrt zu Amalie zurück - seine Ehefrau war bei seiner »Auferstehung« vor Schreck gestorben - und endet schließlich als Herr von Schloß Schönhain.

Interessant ist die Frage, inwieweit die »Jobsiade« autobiographisch ist oder ob es sich gar, wie einige frühe Kritiker des komischen Epos zu erkennen glaubten, um einen Schlüsselroman handelt. Sollte es sich bei dem spießbürgerlichen Sulzburg tatsächlich um Bochum gehandelt haben? War der Bochumer Theologiestudent Boj etwa das Vorbild für den faulen Wüstling Jobs (schließlich war es durchaus aufschlußreich, seinen Namen rückwärts zu lesen)? Es liegt nahe, daß der Bochumer Bergarzt bestimmte Verhältnisse oder Personen vor Augen hatte und diese voller Spott und fast genüßlich in seinem Werk geißelte. Jedoch war Bochum in der Bürgerlichkeit und Enge einer Kleinstadt im 18. Jahrhundert sicherlich nur ein Ort wie viele andere.

Die Reaktion auf diese Satire war, wie man sich denken kann, heftig und polarisiert. Nicht nur die Moralisten stießen sich an den zum Teil derben Ausdrücken, und die Possen des Helden sind schließlich alles andere als vorbildhaft. Nein, für »Feinlinge«, so der Dichter, habe er die Jobsiade auch nicht geschrieben.

Auch wenn Kortums Werk sicherlich damals kaum Eingang in die Mädchenschulen fand, so hat es doch seinen Platz unter den Klassikern deutschen Humors. Fast bekannter als die Jobsiade wurde übrigens die 1872 erschienene Ausgabe »Bilder zur Jobsiade«. Der deutsche Humorist und Karikaturist Wilhelm Busch hatte sich zu dieser selbständigen Bildergeschichte anregen lassen. Die beiden Teile, um die Kortum später sein Heldengedicht ergänzt hatte, waren für Busch jedoch reizlos, »faktisch hinzugequält«.

Kortums Hauptwerk erinnert heute ein wenig an rheinischen Karnevalspaß und Büttenreden. Mühelos komponiert scheinen die Streiche des Helden, leicht und heiter wirken die Verse. Das Leben des Bochumer Arztes nahm allerdings einen viel düstereren Verlauf. Obwohl er ein sehr umfangreiches, pedantisch verfaßtes Tagebuch hinterließ, weiß man heute sehr wenig, zum Beispiel über seine Ehefrau Margarethe. Wesentlich mehr erfährt man über die Kinder, zwei Söhne und zwei Töchter. Insbesondere sein 1772 geborener Sohn Johann Karl Arnold war ihm ans Herz gewachsen, denn er trat in die Fußstapfen des Vaters und wählte zu dessen Freude den medizinischen Beruf. Auch er studierte in Duisburg, wurde bald Assistent des Vaters und sollte sein Nachfolger als Bergarzt werden. Tragischerweise starb der junge Mann jedoch mit 35 Jahren an Schwindsucht, und der alternde Kortum konnte diesen Schicksalsschlag bis zu seinem Lebensende nicht verwinden. In seinen Erinnerungen bezeichnete er dieses Jahr 1807 als das traurigste seines Lebens. Im selben Jahr stürzte Kortum vom Pferd und zog sich einen Leistenbruch zu. Er wurde melancholisch und reizbar und bat um die Entlassung als Bergarzt.

Ein letzter Höhepunkt in seinem Leben war der 17. Mai 1816 - es war der Tag des goldenen Doktorjubiläums. Die Duisburger Universität überreichte ihm eine Urkunde, in der »der gelehrte und verdienstvolle Herr Carl Arnold Kortum wegen seines zur Ehre Gottes und zum Heil der Menschen 50 Jahre lang wohlverwalteten Tagewerkes am Abend seines Lebens mit dem höchstverdienten *doctor medicinae jubilarius*« geehrt wurde.

Mit 81 Jahren starb der Arzt und Dichter Carl Arnold Kortum an »Altersschwäche«, wie es im Totenbuche steht. Auf dem Alten Friedhof an der Wittener Straße in Bochum wurde er beerdigt. Als ein Zeichen der Verehrung und des

Gedenkens hat die Stadt Bochum den Friedhof im Jahre 1913 als Kortum-Park in eine schöne, ruhige Grünanlage umgewandelt. Auf dem Grabmal Kortums sind die Symbole Äskulapstab und Leier abgebildet; sie stehen für einen außergewöhnlichen, vielseitigen Mann, der nicht nur als Mediziner hochverehrt war, innovativ und praktisch dachte, sondern der auch als beachtlicher Humorist und satirischer Autor besonders mit seiner »Jobsiade« einen interessanten Beitrag zur deutschen Literaturgeschichte geliefert hat.

Das Märchen vom Kanonenkönig und der Arbeiterwohlfahrt

Alfred Krupp (1812-1887)

Es war einmal ein unermüdlicher, aber von Mißgeschicken verfolgter Mann namens Friedrich Krupp, der im Jahre 1826 seinem erst vierzehnjährigen Sohne Alfred eine kleine Gußstahlfabrik vermachte. Seit jeher war der Knabe von seinen Eltern zu eisernem Fleiß und strenger Pflichterfüllung erzogen worden, hatte das Gymnasium mit der Quarta abbrechen müssen und sich mit der Fabrikarbeit vertraut gemacht. So begann Alfred nun zusammen mit den vier ausgebildeten Arbeitern des maroden Unternehmens und mit der Unterstützung der aufmunternden Mutter das Lebenswerk seines Vaters emsig fortzusetzen und auszubauen. Er reiste nach Frankreich, um für seine Produkte zu werben, er ging nach England, um sich dort die meist geheimgehaltenen Kenntnisse über Stahlherstellung anzueignen.

Alfred, sein Taufname lautete eigentlich Alfried, blieb trotz vieler Rückschläge und Krisen optimistisch und arbeitete oftmals bis spät in die Nacht hinein. Er war voller Energie, war risikobereit und sehr zäh. Noch bestand die Palette seiner Fabrikate hauptsächlich aus Münzstempeln, Münzscheren, Lohgerberfalzen, Tuchscheren und anderen Werkzeugen. Doch ganz langsam wuchs das kleine Unternehmen, insbesondere, da 1834 die deutschen Zollschranken aufgehoben wurden. Bald konnte er Walzmaschinen liefern, ein Hammerwerk und eine mechanische Werkstatt wurden in dem erweiterten Fabrikgebäude aufgestellt, und Krupps erste Dampfmaschine nahm ihre Arbeit auf. 1835 beschäftigte er bereits 67 Arbeiter und konnte damit beginnen, den großen Schuldenberg von 10.000 Talern, den ihm sein Vater hinterlassen hatte, zu tilgen.

Unter falschem Namen machte er sich wieder auf den Weg nach England, Frankreich und Belgien, um dem Geheimnis hochwertigen Gußstahls auf die Spur zu kommen. Bei seiner Rückkehr war er überzeugt, daß nur bestes Rohmaterial, reinstes Eisen die Qualität bringen konnte, die er für seinen Stahl suchte. Als im Jahre 1848 die deutsche Revolution niedergeschlagen wurde und der Aufstieg Preußens als politische und wirtschaftliche Führungsmacht begann, war für Krupp endgültig die Zeit des Erfolges gekommen. Nun mußte er sich nicht weiter auf die Herstellung von Löffeln und Bestecken konzentrieren, sondern konnte sehr viel größere Projekte verwirklichen. Deutschland baute seine Infrastruktur aus, und Krupp lieferte die benötigten Schienen, nahtlos geschweißte, sicherere Eisenbahnreifen, Waggonachsen und Maschinenwellen. Auch der Handel mit Amerika blühte in den späten 60er Jahren plötzlich auf, denn auch hier wurde nach dem Sezessionskrieg eifrig an einem Eisenbahnnetz gearbeitet. Als »Werkzeuge des Friedens« bezeichnete Alfred seine Produktion und genoß es, der größte Gußstahlfabrikant des Kontinents zu sein. Nach und nach sollte ein immer größer werdender Konzern entstehen mit Zechen, Erzgruben und Hochöfen sowie zahlreichen Weiterverarbeitungsbetrieben.

Es war ein Wendepunkt in der Geschichte des Unternehmens, aber die Erfolge in der anbrechenden »Stahlzeit« eröffneten auch einen weiteren Fabrikationszweig: Die Produktion von Büchsen und Pistolenläufen aus Gußstahl war der Anfang der Herstellung von Kriegswerkzeugen in den Kruppwerken. Im Jahre 1859 gaben die preußischen Militärbehörden die Fertigung von dreihundert Geschützrohren in Auftrag, und bald darauf erhielt Krupp einen sehr umfangreichen russischen Rüstungsauftrag. Aus dem ehemaligen Schuldner sollte der »Kanonenkönig« werden. Auf der Pariser Weltausstellung von 1867 zum Beispiel erregte eine Hinterladerkanone von bisher unbekannten Dimensionen, die die Krupp-Werke dort präsentierten, weltweites Interesse. Diese damals sensationelle Waffe war in der Lage, eiserne Geschosse von 480 kg zu feuern. Das Unternehmen wurde, wie man heute weiß, im Laufe der Geschichte ein bedeutender Teil der Rüstungsindustrie und belieferte drei Generationen der deutschen Armee - unter Bismarck, Wilhelm II. und schließlich Hitler. Insbesondere im Ausland wird der Konzern daher immer noch als eine große Gefahr für den Frieden angesehen und die Krupp-Dynastie als verbrecherischer Kriegsgewinnler verurteilt.

Umstritten wie die Firma selbst ist auch die widersprüchliche Figur Alfred Krupps als Unternehmer ebenso wie als Privatmensch. Als er das 40. Lebensjahr erreicht hatte, beschloß er, daß es an der Zeit sei, sich auf Freiersfüße zu begeben. Schließlich braucht auch ein Kanonenkönig eine Königin. So begegnete er im Jahre 1853 in der Kölner Oper der jungen, schönen Bertha Eichhoff. Alfred zögerte nicht lange und hielt schon ein paar Tage später um die Hand der mitgiftlosen Frau an. Leider mußte Bertha bald erkennen, daß es nicht leicht war, die Gattin eines perfektionistischen, strengen und von steter Unruhe getriebenen Prinzipals zu sein. Alfred vernachlässigte seine Frau, die sich immer mehr in Krankheiten flüchtete. Auch die Geburt seines einzigen Sohnes, Stammhalters und Kronprinzen Friedrich Alfred, genannt Fritz, konnte für die Ehe kein Glück bedeuten. Bertha zog es vor, ausgiebige Kuraufenthalte zu unternehmen - fernab von den qualmenden Schornsteinen der Essener Fabriken und dem lieblosen Mann, dessen einziger Gedanke seinem Unternehmen galt und der nächtelang umherwanderte, um Anweisungen und Ideen zu notieren. Bald kam sie nur noch ab und an zu offiziellen Anlässen in die Stadt, um ihre Rolle als treusorgende Frau an der Seite des bedeutenden Industriellen zu spielen.

Bertha zog also von Kurort zu Kurort, und manchmal besuchte Alfred Krupp sie und den stets etwas kränkelnden Jungen. Sein Lebensinhalt aber blieb das Unternehmen. Die Kokshalden, die Rauchwolken, der allgegenwärtige Ruß und das laute Dröhnen der Dampfhämmer belebten, ja vergnügten ihn. So schrieb er: »Die Fabrik hier betrachte ich immer wie ein Kind, und zwar wie ein gut gezogenes, das durch seine Aufführung einem Freude macht, und wer möchte sich nicht wohl darum soviel wie möglich damit beschäftigen?«

Im Jahre 1870 befand Alfred, daß ein angemessenes und repräsentatives Heim zu schaffen sei. Eine neue, palastartige Residenz sollte an die Stelle des Stammhauses treten. Und er selber wollte der Architekt sein, schließlich gab es ja genügend Vorbilder vielseitig begabter Herrscher. Hoch über dem Ruhrtal im Essener Süden entstand über dem Baldeneysee das Haus aus Kalkstein, die Villa Hügel - heute Austellungsort und ein kultureller Mittelpunkt des Ruhrgebiets. So wie Alfred Krupp seine Fabrikarbeiter ständig beobachtete, mit jeder Tätigkeit vertraut war und unermüdlich über neuen Ideen grübelte, so widmete er sich nun intensiv der Erbauung dieses Hauses. Pedantisch überwachte er jedes Detail - von der Gestaltung des Daches über die Herzchen in den Fensterladen bis hin zu Kleinigkeiten der Innenausstattung und der Gartenanlage. Alles stand unter seiner strengen Kontrolle. Das prunkvolle Schloß mit der hochherrschaftlichen Eingangshalle, den wertvollen Gemälden und den übergroßen Kronleuchtern war der richtige Ort, um die gekrönten Häupter ganz Europas zu empfangen. Sogar ein eigenes Bahngleis wurde zum Park der Villa Hügel verlegt, damit anreisenden Staatsmännern genügend Komfort geboten wurde. Doch dieser Prachtbau war auch gleichzeitig eine starke, unangreifbare Burg oder Festung. Krupp ließ einen hohen Eisenzaun um den ganzen Besitz ziehen, um die neugierigen Arbeiter und deren Familien fernzuhalten. Doch trotz des wunderschönen Gartens mit den alten Mammutbäumen war die Villa ein kühler, ungemütlicher Ort. Und so blieben Bertha und der kleine Friedrich Alfred lieber fern. Wie sollte auch an einem achtzehn Meter langen Eßtisch eine private, familiäre Atmosphäre entstehen?

König Alfred residierte nun in seinem Schloß, manchmal ein wenig verzagt und einsam, aber mit rastlosem Tatendrang und unerschöpflicher Energie. Oft hielt er Hof, empfing Gäste, Monarchen und Minister und verhandelte mit ihnen über den Absatz seiner Erzeugnisse, vornehmlich im militärischen Bereich. Hatte Napoleon III. im Jahre 1868 die Gußstahlkanonen, die ihm Alfred demütigst für den Schlag gegen Preußen angeboten hatte, schlichtweg verschmäht, so versuchte Alfred nun im Angesicht des deutsch-französichen Krieges, dem preußischen Kaiser Wilhelm I. seine Kruppstahlgeschütze anzubieten. Nein, patriotisch oder unflexibel konnte man den Unternehmer wahrhaftig nicht nennen.

Neben den Absatzproblemen und seiner Unruhe trafen ihn aber auch ab und an Hiobsbotschaften aus dem Unternehmen. Eines Tages zum Beispiel hatte einer seiner Manager das Werk verlassen. Alfred schäumte vor Wut über diesen »Auskneifer« und verlangte »öffentliche Brandmarkung«. Das Krupp-Unternehmen zu verlassen, war in seinen Augen ebenso niederträchtig, wie die eigene Familie zu hintergehen und im Stich zu lassen. In der Tat betrachtete Alfred sein ständig wachsendes Imperium als eine große Familie. Er als der sorgende, verantwortungsvolle Vater und Ernährer, die Werkangehörigen als die gehorsamen Kinder. Er hatte doch alles so gut geplant...

Jeder Neuling wurde angelernt und gründlich - in den frühen Jahren von ihm selber, später von einem Facharbeiter - in seine Arbeit eingewiesen. Darüber hinaus bestanden Weiterbildungsmöglichkeiten, zum Beispiel die sonntäglichen Unterrichtsstunden in technischem Zeichnen oder die Industrieschulen. Qualifizierte Arbeiter hatten bei Krupp die Chance, etwas mehr Geld als die ungelernten Tagelöhner zu verdienen. Zwar waren die erworbenen Kenntnisse fast ausschließlich für eben diese Firma von Nutzen, aber, so hoffte Krupp, die Arbeiter würden sich damit recht lange an die Firma binden. Und er sollte Recht behalten. Es bildete sich eine Stammbelegschaft, und immer mehr Arbeiter feierten das 25jährige Firmenjubiläum. Begriffe wie »Kruppianer« oder »Kruppgeist« zeugten von der Verbundenheit der Beschäftigten mit dem Unternehmen. Seine rigorose Auffassung vom Arbeits- und Leistungsethos würde sich, so hoffte der Fabrikant, auf jeden Arbeiter übertragen. Und Krupp erwartete dafür lediglich Dankbarkeit und Zuverlässigkeit.

Er, der bereits lange vor seinem 40. Geburtstag überall in Essen respektvoll »der alte Herr« genannt wurde, gilt für viele als Pionier im Bereich der Sozialeinrichtungen. Bereits 1836 führte er eine »Hülfskrankenkasse in Fällen von Krankheit und Tod« ein. Sie sollte die Arbeiter von der Sorge um ihr tägliches Brot im Krankheitsfalle befreien. Zunächst flossen jedoch nur die von den Arbeitern erhobenen Strafgelder wegen Unpünktlichkeit oder anderer Verstöße gegen die Betriebsordnung in die Kasse. Die Firma zahlte lediglich dem Arzt einen jährlichen Tribut von 20 Talern. Im Jahre 1853 jedoch entstand das Vorbild für die späteren gesetzlichen Krankenkassen. Nach anfänglicher freiwilliger Mitgliedschaft wurden nun der Beitritt Pflicht, die Beiträge abhängig vom Lohn einbehalten und 50% des Geldes vom Unternehmen bezahlt. Überschüsse flossen in einen Pensionsfond für Witwen und Invaliden. Die Altersversorgung war gesichert - es sei denn, man verließ das Werk frühzeitig, freiwillig oder gezwungenermaßen. Dann nämlich verfielen alle eingezahlten Beiträge. Für diese Fürsorge erwartete Krupp Loyalität und Pflichtbewußtsein.

Eine weitere vielgepriesene Einrichtung war die firmeneigene »Konsumanstalt der Kruppschen Gußstahlfabrik« aus dem Jahre 1868. In verschiedenen Verkaufsstellen gab es nicht nur Lebensmittel, sondern auch Schuhe, Möbel und diverse Genußmittel, wie Bier und Tabak. Der fürsorgliche Firmenherr bot damit den Werkangehörigen die Möglichkeit, zu niedrigeren Preisen einzukaufen und damit Preiswucher und Kreditunwesen zu vermeiden. 1891 schrieb ein hofeigener Firmenbiograph rückblickend zur Entstehung der Konsumanstalt: »Der Arbeiter sollte alle seine Lebensbedürfnisse gut und billig erhalten und zugleich daran gewöhnt werden, bar zu zahlen und auf diese Weise seinen Haushalt stets in Ordnung zu halten.« Vergünstigungen für die Arbeiter bedeuteten wiederum eine Absicherung für Alfred Krupp. Seine Schäfchen konnten nicht mehr so leicht verführt werden, Unnötiges zu kaufen, sich zu verschulden, um schließlich gepfändet zu werden. Seßhaftigkeit und eine noch größere Verbundenheit mit der Firma sollten die Früchte dieser Mühen sein.

Motivierte und zufriedene Arbeiter könnten sogar mit einer Lohnkürzung auskommen, wenn es sein mußte - so wie bereits im Jahre 1874, als eine weltweite Industriekrise auch Krupp zwang, ein Drittel der Belegschaft zu entlassen und die Löhne zu kürzen. Autoritär wies er darauf hin, daß er seinen »Leuten in anderer Weise pekuniäre Vorteile bietet wie kein anderes Werk«. Die Konsumanstalt, eine Art firmeneigener Supermarkt zu Selbstkostenpreisen, war eben eine kluge Alternative zu den vielen Handeltreibenden mit ihren reizvollen Angeboten und den hohen Preisen. Sie alle kamen in die expandierende Stadt Essen, eine Stadt, die durch die günstige Verkehrslage am Hellweg und in der Nähe des Rheins schon seit jeher für Handel und Gewerbe sehr attraktiv war.

Die zunehmende industrielle Produktion hatte gewaltige Auswirkungen auf das Bevölkerungswachstum der Stadt. War Essen um 1800 ein kleines, fast idyllisches Ackerbürgerstädtchen mit nur 3.400 Einwohnern gewesen, so wohnten hier in der Mitte des 19. Jahrhunderts bereits 40.000 Menschen. Überwiegend Handwerker und Landarbeiter aus Westfalen, dem Rheinland und Hessen flüchteten vor der Verelendung auf dem Lande. Die Lebensbedingungen in der Stadt, deren Infrastruktur sich nicht weiterentwickelt hatte, wurden immer katastrophaler. Eine unvorstellbare Wohnungsnot und ganz unzureichende hygienische Bedingungen führten unweigerlich zu Epidemien. Cholera, Typhus, Ruhr und Malaria grassierten insbesondere in den überfüllten Arbeitervierteln. Da die Stadt Essen keine neuen Wohnungen errichtete und auch der private Wohnungsbau nicht ausreichend war, entschloß sich Alfred Krupp, für seine Firmenfamilie Abhilfe zu schaffen: Große Wohnkolonien wie »Westend«, »Baumhof«, »Schederhof« und »Kronenberg« entstanden. Diese Wohnungen, zugleich eine einträgliche Vermögensanlage, standen den Werktätigen natürlich nur so lange zur Verfügung, wie sie brav und fügsam ihre Arbeit verrichteten. Die Mieten wurden sicherheitshalber vom Lohn einbehalten. Zahlreiche Wohnungskontrolleure und Polizisten waren engagiert, um alle Unregelmäßigkeiten und Auffälligkeiten zu notieren und dem Unternehmer

Bericht zu erstatten. Auch die Bespitzelung der Privatsphäre mußte also in Kauf genommen werden. Ein Kruppianer hatte sich mit Haut und Haaren dem allgegenwärtigen, großen Firmenherr verschrieben. Und dieser verlangte dafür »nur« Gehorsam und absolute Integrität.

Heute mag es seltsam anmuten, daß Krupp seinen Einfluß, seine Vorstellungen von Tugend selbstverständlich auch auf das Privatleben der Arbeiter ausdehnte. 1877 wandte er sich an seine »Angehörigen« und ermahnte sie: »Genießet, was Euch beschieden ist. Nach getaner Arbeit verbleibt im Kreise der Eurigen, bei den Eltern, der Frau und den Kindern und sinnt über Haushalt und Erziehung. Das sei Eure Politik, dabei werdet Ihr frohe Stunden erleben.« Und in einem Brief an seinen Sohn beschwerte er sich eines Tages darüber, daß die Arbeiterfrauen Schnürstiefel statt der preiswerten Holzschuhe trugen und sich zuviel Geld »an den Leib legen«. Auch vermochte er nicht zu verhindern, daß selbst die einfachsten Arbeiter ihren Lohn »verkneipen«. Nein, er verlangte gewissenhaftere Arbeiter und verstand darunter: »Ein jeder hat sich ganz und ausschließlich seinem Berufe zu widmen, und wo das laufende Geschäft einmal seine Zeit und Kräfte nicht voll in Anspruch nimmt, diese in anderer Weise der Firma nutzbar zu machen.«

Mit zunehmendem Alter aber wuchs das Mißtrauen gegenüber seinen Untertanen. Strafen und Belohnungen, Zuckerbrot und Peitsche waren an der Tagesordnung und sollten den erzieherischen Effekt haben, die versteckten Tugenden zu entwickeln und den »sittlichen Stand der Leute so viel wie möglich zu erhöhen«. Jede Maßnahme dieses Über-Vaters war aus seiner Perspektive notwendig, um seine Arbeiter gegenüber jedweden sozialdemokratischen Ideologien zu immunisieren und politische Aktivitäten zu vermeiden. Er hoffte, vielleicht als einziger verschont zu bleiben, wenn »eine allgemeine Revolte durchs Land gehen wird, ein Auflehnen aller Klassen von Arbeitern gegen ihre Arbeitgeber«. Und doch, trotz all dieser mehr oder minder uneigennützigen Wohlfahrtseinrichtungen kam es 1872 zu einem Aufruhr unter den Arbeitern. Nichts hatte der Firmenherrscher mehr gefürchtet als die Revolte, den Ungehorsam gegenüber dem Arbeit- und Existenzgeber. Die Bergleute der von Krupp betriebenen Zeche »Graf Beust«, die Arbeiter der Gußstahlfabrik und des Schmelzwerkes forderten höhere Löhne und kürzere Arbeitszeiten. Sie klagten erstmals ihren Anteil an der stark wachsenden Produktivität und den steigenden Preisen von Kohle und Stahl ein. In den Auseinandersetzungen mit der Arbeiterdelegation zeigte Krupp unerbittliche Härte. Zunächst versuchte er, seine Arbeiter mit väterlich-freundschaftlicher Zurede von einem Streik abzuhalten und den Einfluß der sozialdemokratischen Aufklärer, der »herumtreibenden Aufwiegler« zu mindern. So hieß es in dem bekannten Aufruf vom 24. Juli 1872:

> Ich weiß es, daß ich Euer Vertrauen verdiene und besitze und darum will ich diese Worte an Euch richten... Es wird wohl niemand glauben, daß ich aus Durst nach Gewinn der Mühe und Arbeit mich unterziehe, welche mit der Verwaltung eines solchen Geschäftes für eigene Rechnung verbunden ist. Jedermann weiß, wie ich seit jeher den Arbeiter und die Arbeit geschätzt habe. Jedermann möge aber auch versichert sein, daß eine Verkennung meiner Gesinnung die eingewurzelte Vorliebe für sie auszurotten imstande sein würde.

Alfred Krupp war ein freier Unternehmer - er sah sich als eine Art »self-made man« und stellte in vielen Ansprachen seinen Lebensweg als Vorbild für jedermann dar. Gar kein

Verständnis hatte er daher für Aufwiegler und trotzige, unzufriedene Arbeiter, die ihm in seine Unternehmensführung hineinreden wollten. Jede Forderung nach einem Mitspracherecht konnte er nur als Kampfansage ansehen. In einer sehr energischen, kompromißlosen Haltung machte er deutlich, wer der »Herr im Hause« war: Streikende Arbeiter durften nicht länger bei den günstigen Konsumanstalten einkaufen, und die Zahl der Werkpolizisten wurde erhöht, um das innerbetriebliche Kontrollwesen zu verstärken.

Bis zu seinem Lebensende hatte Alfred Krupp, mittlerweile Inhaber des wohl größten Industrieunternehmens des Deutschen Reiches, diese Haltung gegen die Sozialdemokraten und gegen gewerkschaftsorientierte Arbeiter zu verteidigen. Ständig schrieb er Anweisungen, Kritiken oder Notizen auf. Über 3.000 solcher stets mit Bleistift verfaßten Zettel sind im Archiv der Villa Hügel gesammelt und archiviert.

Der Konzernherr begann nun, sich der Innenpolitik zu widmen, selbstverständlich ohne die Belange der Firma aus den Augen zu verlieren. In seinem Kampf gegen »das rote Übel«, versuchte er nicht nur seine eigenen Arbeiter massiv zu beeinflussen und sozusagen für die Reichstagswahlen am 30. Juni 1877 vorzubereiten. Mißtrauisch, wie er war, ahnte er, daß er der Wählerschaft nicht trauen konnte, und so setzte er sich dafür ein, das allgemeine Männerwahlrecht abzuschaffen - »das Stimmrecht sollte den Besitzlosen entzogen werden«, erklärte er schlichtweg. Resigniert mußte Krupp allerdings nach der Wahl feststellen, daß eine halbe Millionen Stimmen den Sozialisten 12 Sitze im Reichstag eingebracht hatten. Krupp mußte also auf der Hut sein.

Selbst ein allmächtiger König braucht irgendwann einmal Unterstützung und Hilfe. Dazu ernennt er traditionellerweise

Hofminister. Im Jahre 1879, Alfred war nun bereits 67 Jahre alt, wurde Hanns Jencke, ein dicker Mann mit einem riesigen Bart, Vorsitzender des Direktoriums. Er löste viele Schwierigkeiten mit der Betriebsführung und führte in den folgenden 23 Jahren die internationalen Geschäfte des Krupp-Imperiums.

Der Firmenherr, der König der Kanonen und strenge Alleinherrscher über sein Reich, wurde immer verbitterter, aber gleichzeitig auch müde und ein wenig schrullig. Allein und recht vereinsamt residierte er in seinem Palast auf dem Hügel. Seine Frau Bertha hatte ihn verlassen, und der Erbprinz Friedrich Alfred fürchtete sich vor seinem despotischen Vater - hatte ihm dieser doch nicht nur seine Kindheit verdorben, ihm das Studium der Naturwissenschaft verboten, sondern auch die Erlaubnis versagt, seine große Liebe Margarethe Freiin von Ende zu heiraten. Erst nach vielen Jahren willigte er ein, sprach aber niemals auch nur ein Wort mit der Schwiegertochter oder den beiden Enkelinnen Bertha und Barbara - letztere erhielt ihren Namen übrigens zu Ehren der Heiligen Barbara, der Schutzpatronin nicht nur der Bergleute, sondern auch der Kanoniere.

Als verantwortungsvoller, aber patriarchalischer Herr über 20.000 Arbeiter und Arbeiterinnen, als Millionär und Fabrikant des besten Stahls, als gigantischer Waffenschmied und gefragter Schienenbauer, als einer der mächtigsten Männer seiner Zeit starb das sonderbare Unternehmergenie Alfred Krupp am 14.7.1887 im Alter von 75 Jahren. Nur ein Kammerdiener war an seiner Seite.

Und wenn Alfred Krupp, einer der umstrittensten Unternehmer der deutschen Geschichte, nicht umgebettet worden ist, so liegt er noch heute in Essen auf dem Bredeneyer Friedhof. Links vom Eingang, in einem separaten Teil der Anlage befindet sich sein alles dominierendes Grabmal. Um den Patriarchen herum sind die Gräber seines weniger erfolgreichen Vaters Friedrich und die Grabsteine der Krupp-Nachkommen angeordnet: seines Sohnes Friedrich Alfred, dessen Tochter Bertha und ihres Gatten Gustav Krupp von Bohlen und Halbach. Auch das bescheidene, schlichte Grabmal des späteren Firmeninhabers Alfried Krupp von Bohlen und Halbach ist hier zu finden. Sein Sohn Arndt hatte ein leichteres Leben gewählt und auf die strapaziöse Leitung der Krupp-Dynastie verzichtet. Sein Ururgroßvater, der große Krupp-König, hatte darauf keinen Einfluß nehmen können.

»Was man nicht selber wissen kann, das muß man sich erklären«

Jürgen von Manger (1923-1994)

»Also ma äährlich«. Jeder, der Jürgen von Manger alias Adolf Tegtmeier jemals gehört oder gesehen hat, meint diese sonore Stimme, dieses langgezogene Wort fast wieder zu hören. Sein Credo »Mensch bleiben!«, das in charakteristischer Weise sein ganzes kabarettistisches Schaffen begleitete, das die vielen schlitzohrig behandelten Probleme und Erklärungen abschloß, ist ein stehender Begriff, ein geflügeltes Wort geworden.

Die Kultfigur Tegtmeier gilt heute für viele als Inbegriff des Ruhrpott-Kumpels. Adolf Tegtmeier sprach den Menschen des Ruhrgebiets aus der Seele, wenn er mit gesundem Menschenverstand über das Leben philosophierte. Kein Thema war ihm zu brisant, kein Sachverhalt zu kompliziert. Er redete ebenso begeistert über Taubenzucht wie über politische Zusammenhänge oder über »Östrojene inne Kälber und inne Buttermilch«.

Beispielhaft ist seine Interpretation der »Maria Stuart«, die mit den Worten beginnt: »Ja, ich hatte ja wieder Theaterkarten geschenkt gekriegt - der Emil hatte die von de Fürsorge, und konnte den Tag nich hin - und war ich in 'Maria Schtuart'. Das war diesmal ein Schauspiel, richtig aus den Leben gegriffen, eine ganz traurige Angelegenheit. Und dann war alles in diese Reimform... oder ...nur Gedichte - also, daß das am Schluß immer übernanderpaßte, die Wörter.«

Eine recht eigenwillige Darstellung des imaginären Theaterbesuchs folgt sodann und amüsiert auf der ganzen Linie.

Ungewöhnlich und frei von allen Floskeln und Ansätzen der konventionellen Theaterkritik beschreibt er die Tragödie Schillers (»der Mann hat ja einen besonders guten Ruf für solche Sachen«). Ob diese erfrischende Analyse tatsächlich, wie einige Tegtmeier-Fans vermuten, inoffiziell Einzug in die Schulen gehalten hat, bleibt allerdings fraglich.

Zum Schluß stellt Tegtmeier bedauernd fest: »Die Maria Schtuart wird nur noch geköpft, und zwar unter der Bühne geht das vor sich... Und jetzt ist die Lisbeth ganz allein... is se traurig... ja, aber was sollse machen? Muß se halt seh'n, wie se jetzt zu Rande kommt. Muß se jetzt ihr Päcksken tragen... Na, ja, aber trotzdem, mir hat dat alles richtig schön gefallen.«

Er hatte eigentlich immer etwas zu erzählen - auch wenn sich seine Gedanken manchmal überschlugen, Sätze unvollendet blieben. Weit holte er aus und plauderte selbstbewußt los. Daß er sich dabei in die atemberaubendsten Satzkonstruktionen verstieg und oftmals den Faden verlor, sich mit »Ähs«, »Dingens« und »sonne Sachen« zu retten versuchte, um dann schließlich doch über wilde Nebensätze zu einem Schlußwort zu kommen, machte den typischen Reiz dieses Kumpels aus. Aktuelle Fragen, die die Öffentlichkeit bewegten, wurden problemlos mit Parallelen aus seiner privaten Umgebung erklärt. Treuherzig und scheinbar naiv erzählte er von seinem Onkel, der als Aushilfskindergärtner tätig war, oder von einer Bekannten, die mit einem Gastarbeiter anbändelte. Mit Aussprüchen wie »mein lieber Scholli« oder »Dat war vielleicht ein Ding« kommentierte er seine haarsträubenden Geschichten.

Auch auf die Frage, wie denn nun die Menschen im Ruhrgebiet sprechen, lieferte er eine genaue Antwort. Nein, die Sprache sein kein philologisches Prunkstück, die Grammatik sei vereinfacht und der Wortreichtum eingeschränkt. Aber die Redeweise der Menschen drücke Herz und Charakter aus. Klar, daß Jürgen von Manger dies präziser erklärte und dazu zwei entscheidende Ruhrpott-Idiome aufgriff: »Dies 'ehrlich' (gespr.: ährlich!), das als Modewort viele Aussagen unterstützen soll, sowie das besonders oft eingeschaltete 'woll'n mal sagen' sind typische, aus dem Volkscharakter gewachsene Wendungen. »Unser Karl Heinz, der is ja jetzt der Oberste inne Abteilung... also woll'n mal sagen, daß er da das meiste zum sagen hat... Nä, ährlich, der darf sogar anne Kasse... woll'n mal sagen, wenn der Chef nicht da ist.«

Er war ein unverwechselbares Original, das Urgestein des Ruhrgebietsmenschen. Wenn er als Tegtmeier die Bühne betrat und seine eigenwilligen Interpretationen mit halsbrecherischer Syntax zum besten gab, hing das gesamte Publikum an seinen Lippen. Die buschigen Augenbrauen, der drahtige Schnauzbart, der schiefe Mund und sein meist etwas zugekniffenes linkes Auge gehörten einfach zu der lebensfrohen Kunstfigur, die im karierten Hemd, mit sonderbar sitzendem Anzug und der charakteristischen Prinz-Heinrich-Mütze (wegen seiner »Malässen mit den Ohren«) daherkam.

Als Kabarettist, als Adolf Tegtmeier wurde Jürgen von Manger berühmt. Mit seiner Darstellung des »kleinen Mannes aus dem Kohlenpott« wurde er unsterblich. Zahllose Auftritte im Rundfunk und im Fernsehen (TV-Dauerbrenner: »Tegtmeiers Reisen« oder »Tegtmeier klärt auf«) und seine faszinierenden Plaudereien bleiben unvergessen. Doch auch wenn eine gesamte Fernsehnation kaum noch zwischen dem Menschen und seinem 1962 erfundenen Kumpel zu unterscheiden wußte, gab es für Jürgen von Manger natürlich auch ein Leben vor Tegtmeier:

August Heinrich Hoffmann von Fallersleben - »Wie Konnt Ich Dein Vergessen« lautet die Inschrift auf seinem Grabmal in Corvey

Fürstin Amalia von Gallitzin - ein Kreuz an der Dorfkirche in Angelmodde bei Münster erinnert an die gebildete und vielbewunderte Frau

Karl der Große - auch sein Schrein ist »ständig unterwegs«: Im November 1998 wird er aus dem Zentralbau des Doms zu Aachen (Foto) wieder in die Chorhalle verbracht

Maria Clementine Martin - so romantisch wie ihr Grab auf dem Melaten-Friedhof in Köln war das Leben der energischen Klosterfrau nicht

Alfred Krupp - ein Grabmal fast so prächtig wie seine Villa; seine letzte Ruhe fand der Fabrikant auf dem Friedhof in Essen-Bredeney

Carl Arnold Kortum - der Arzt, Alchimist und Dichter fand seine Grabstätte im Kortumpark, dem früheren »Alten Friedhof« in Bochum

Der Kortumbrunnen auf dem Husemannplatz in Bochum - lebensgroße Figuren stellen eine Szene aus Kortums komischer Dichtung »Jobsiade« dar

Jürgen von Manger - ein schlichter Grabstein für den unvergeßlichen Schauspieler und Kabarettisten auf dem Friedhof in Hagen-Delstern

Dr. August Oetker - der Apotheker und Firmengründer liegt auf dem Bielefelder Johannisfriedhof, nur einen Steinwurf vom Gelände des Stammhauses entfernt

Gerhard Mercator - an den berühmten Kartographen erinnert ein Epitaph in der Salvatorkirche am Burgplatz in Duisburg

Der Mercatorbrunnen auf dem Duisburger Burgplatz vor dem Rathaus, 282 Jahre nach dem Tode Mercators enthüllt

Die Grabstätte Clara und Robert Schumanns auf dem Alten Friedhof in Bonn - das Antlitz der aufschauenden Frau soll Claras Gesicht nachempfunden sein

Die Grabplatte der beiden Musiker am Fuße des Grabmals, das für Robert Schumann im Jahre 1880 errichtet wurde - 24 Jahre nach seinem und 16 Jahre vor Claras Tod

Das Erbbegräbnis der Wuppertaler Familie Von der Heydt auf dem Evangelisch-reformierten Friedhof an der Hochstraße in Elberfeld

Erwin Sylvanus: verregnet und schmucklos das Grab des Schriftstellers im sauerländischen Völlinghausen - so wie seine Beerdigung im Dezember 1985

Stets im Schatten gelegen: die verwitterte Grabplatte des Malers Alfred Rethel auf dem Alten Golzheimer Friedhof in Düsseldorf

Als Sohn eines Staatsanwaltes kam er am 6. März 1923 in Koblenz zur Welt. Eine seltsame Geschichte rankt sich um seine Kindheit: Da seine Eltern Fritz und Antonia von Manger-König sich eigentlich ein Mädchen gewünscht hatten und sie dann mit dem Bruder Ludwig ein »richtiges Pärchen« gehabt hätten, entschlossen sie sich, aus der Not eine Tugend zu machen. Sie steckten den kleinen Jürgen schlicht und einfach in niedliche Mädchenkleidung und ließen sein Haar wachsen. Rückblickend sagte Von Manger in einem Interview: »Eigentlich habe ich mich wahnsinnig geschämt. Während mein großer Bruder in den damals hochmodischen Matrosenanzügen herumlief, zockelte ich als die süße kleine Schwester hinterher. Schrecklich!«. Aber der Knabe hatte Glück im Unglück, denn als sein jüngerer Bruder Adolf (»wieder nur ein Junge«) geboren wurde, bekam auch der mittlerweile Sechsjährige endlich Hosen.

Als der Junge neun Jahre alt war, zog die Familie nach Hagen. Dort besuchte er das Gymnasium und lernte damit Westfalen, das Ruhrgebiet und diese ihm noch fremde Sprache kennen. Nach dem Abitur im Jahre 1941 studierte er in Köln und Münster Rechts- und Staatswissenschaften. Gleichzeitig nahm er aber auch Gesangs- und Schauspielunterricht, und er sammelte als Statist seine ersten Bühnenerfahrungen. Schließlich siegte die Liebe zur Bühne über die Juristerei. 1945 bekam Von Manger seine erste Rolle am Hagener Stadttheater in Goethes Drama »Iphigenie«. Später ging er nach Bochum, und mit der Spielzeit 1950/51 begann sein Engagement an den Städtischen Bühnen Gelsenkirchen. In »Kabale und Liebe«, Schillers bürgerlichem Trauerspiel, überzeugte er in der Rolle des Vaters der Luise Miller. Die Schauspielerei und eigentlich immer mehr die komischen Rollen wurden sein bevorzugtes Metier. Als Charakterkomiker - so lautete denn auch seine offizielle bühnenvertragliche Bezeichnung - blieb er bis 1963 am Gelsenkirchener Theater.

Und dort begann er zu »mangern«, wie man seine trockene, eigenwillige und überaus humorvolle Art des Plauderns bald bezeichnete. In vielen Variationen hatte er seine Geschichten jahrelang im Kollegenkreis zum Vergnügen aller erzählt. Eines Tages lagen dem damaligen Hamburger Unterhaltungschef Henri Regnier einige Bänder vor. Zwei Kollegen Von Mangers hatten ohne dessen Wissen seine Stegreifgeschichten mitgeschnitten, eingeschickt und sie für den Rundfunk vorgeschlagen. Es wurde der Anfang einer phänomenalen, steilen Karriere, als er im 3. Hörfunkprogamm des Norddeutschen Rundfunks im Rahmen einer Silvestersendung als »Schwiegermuttermörder« die Medienlandschaft betrat.

Makaber, grotesk ist diese Geschichte, in der dem Richter Ungeheuerliches vorgetragen wird. In einer Doppelrolle - Jürgen von Manger sprach in köstlicher Weise den Angeklagten *und* den Richter - erklärt er, wie er die Leiche der Schwiegermutter aus dem Keller weggeschafft hat: »Und hab ich sie gesägt... Weil unser Bollerwagen... mußte ich die Feststellung machen, daß se nicht ganz draufpaßte... und mußte ich...äh...also, ich hatte dann drei Fuhren... und hab ich se im Rhein-Herne Kanal...getan - und da war se weg!« Daß er seine Schwiegermutter ermordet hat (»Ehrenkränkungen hat se ausgestoßen... meine Ehre beleidigt... oder vernichtet, kann man wohl sagen«) tut Tegtmeier allerdings schon leid: »Und ich dachte, daß ich durch meiner Hände Arbeit... vielleicht durch ein schöneres Leben... äh... alles wieder einrenken kann.«

Einen Gagschreiber brauchte Von Manger nie. Seine »Stückskes« schrieb der Alltag selbst. »Der Alltag mit seinen alltäglichen Situationen, Katastrophen, Menschen. Die

Kompliziertheit des einfachen Lebens. Die Konfrontation mit bürgerlichem Bildungsgut, Leitbildern, Normen« - so »Die Zeit« in einem Porträt von 1982. Über sich und seine Rolle sagte er einmal: »Ich war vor allem immer ein guter Zuhörer. Ich habe den Leuten genau zugehört, beim Einkaufen auf dem Wochenmarkt, am Kneipentresen, auf der Straße, an der Haltestelle und im Wartezimmer.« Aber Jürgen von Manger hat den Menschen nicht nur auf den Mund geschaut, sondern auch »ins Herz«. Wie kein anderer hat er das Bild vom Ruhrgebietsmenschen nachgezeichnet. Möglicherweise ein wenig undifferenziert entstand mit der liebenswerten, handfesten Figur Tegtmeier ein Charakter, der wohl bundesweit das Image des »Malochers im Revier« prägte.

Im Vergleich zu den Bewohnern anderer Landschaften fehle ihm noch etwas das Selbstbewußtsein, so Jürgen von Manger in einer nicht ganz ernst zu nehmenden Charakterisierung des Bürgers im Ruhrgebiet. So habe er sich zum Selbstschutz eine gewisse Ruppigkeit und Aggressivität angeeignet. »Fleiß und Redlichkeit, Zuverlässigkeit, Hilfsbereitschaft und Treue zeichnen ihn aus. Wenn er seinen Argwohn überwunden hat, wird er mitteilsam und zutraulich.« Obwohl die Beschreibung wie aus dem Munde eines Ethnologen klingt, flogen ihm die Herzen der Westfalen zu, und niemand nahm ihm seine pauschale Darstellung des naiven Kumpels übel.

Das Bemerkenswerte an seiner Komik ist, daß es ihm tatsächlich stets gelang, jeden Zuhörer mit seinem Witz zu erreichen. Er parodierte die Menschen aus dem Ruhrpott, setzte deren eigentümliche Sprache ein und verlieh ihren unklaren Vorstellungen Ausdruck. Und doch machte er den Ruhrgebietsmenschen nicht lächerlich, stellte ihn nicht bloß, sondern zeigte seine liebenswerten Züge. Er war kritisch, aber nicht moralisierend, hob nicht den Zeigefinger. Von Mangers Humor veralberte oder beleidigte niemanden - eine Kunst, um die ihn wohl so manch ein Kabarettist beneiden darf. Gerhard Polt und vielleicht auch Helge Schneider haben von ihm »geerbt«, sind von ihm beeinflußt. Ob sie allerdings an ihn heranreichen, mag jeder selbst entscheiden.

Als »klugen Spaßmacher« beschreibt kein geringerer als der Bonner Kunsthistoriker Heinrich Lützeler in seinem Nachwort zu Von Mangers einzigem Buch »Bleibense Mensch« den Humoristen. Er begreife lachend den Ernst der Lage und zeichne sich unter anderem deshalb als ganz großer Humorist aus, schreibt der Kritiker und vergleicht ihn mit Kurt Tucholsky. Jürgen von Mangers kabarettistische Szenen seien ein heiterer Beitrag zum Verstehen des heutigen Menschen. Als moderner Eulenspiegel, der mit Humor die Wahrheit sagt, sieht sich auch Von Manger selbst.

So schlüpft er in die Rolle eines Finanzbeamten, der mit der Oma in Bonn für die »werktätige Bevölkerung, die von Inflazion und teure Schweinepreise nix wissen will«, kämpft. Genauso selbstsicher klärt er die Menschheit über die Pflichten der Ärzte auf. Der »Eid des Demokrates« bedeutet nach Tegtmeier nämlich, »daß der leidende Mensch...also...ich weiß auch nicht...woll'n ma sagen, wenn einer auch kein Moos zum Bezahlen hätte, oder daß er vielleicht nur mit'n Krankenschein angewackelt kommt, dat wär egal - Hauptsache: der leidende Mensch, der ständ aber ganz schön im Vordergrund«.

Alles weiß Tegtmeier zugegebenermaßen nicht, aber er findet immer einen Weg, Sachverhalte trotzdem zu erklären und anschaulich zu machen - treu seiner Devise »Was man nicht selber wissen kann, das muß man sich erklären«. Seine gesamte Verwandtschaft dient ihm dazu oft sozusagen als

Beispielmaterial. So beschäftigt er sich unter anderem mit dem Thema Reinkarnation: »Unser Oma hat schon ihren Antrag am Laufen - auf Kuh. Wissense, die stammt aus'm Münsterland von ein' Bauernhof weg, und da hatte sie wohl in ihre Jugend mal so'n Krösken gehabt, mit den Großknecht. Wir nehmen an - so genau weiß man dat ja nie bei so alte Damen - ... se hofft wahrscheinlich, daß se als Kuh wieder auf denselben Hof käm, und daß das dann da vielleicht schön weiterginge, wie damals.«

Tegtmeier wurde in den 60er Jahren zur Kultfigur, begeisterte die Nation, und in Deutschland begann man zu mangern. Der Kabarettist konnte sich vor Angeboten kaum noch retten - Auftritte unter anderem in München und Berlin waren ebenso erfolgreich wie in Westfalen oder bundesweit im Fernsehen. 1966 veröffentlichte er sein heute längst vergriffenes Buch »Bleibense Mensch - Träume, Reden und Gerede des Adolf Tegtmeier«. Zahlreiche Langspielplatten erschienen -1966 und 1967 erhielt er sogar »Goldene Schallplatten« für seine »Stegreifgeschichten« - eine Auszeichnung, die für eine Sprechplatte schon fast sensationell ist. Und im Jahre 1993 bekamen seine Fans auch endlich eine CD »Tegtmeiers Geschichten«.

Man muß lange suchen, um negative Kritiken zu finden. In den frühen 60er Jahren, als Deutschland sich noch an das neue Medium Fernsehen gewöhnen mußte, gab es allerdings hin und wieder Stimmen, die unter dem Motto »Nicht jegliches, beileibe, paßt auf die kleine Scheibe« den Künstler zurück auf die Bühne schicken wollten. Zuviel seiner Improvisationskunst, seiner Spontaneität gehe verloren, wenn technische Tricks den Charakter der Figur zerstören. Von Manger brauche das Publikum, den direkten Kontakt zu den Menschen. Die perfekten (Groß-)aufnahmen verfälschen und entfremden - so die Westfälische Rundschau im Jahre 1963.

Wenn man mehr nicht gegen ihn sagen konnte...

Und privat? Bis Ende 1994 lebte Jürgen von Manger mit seiner Frau Ruth in Gelsenkirchen. Dann zog der passionierte Antiquitätensammler und Opernliebhaber schließlich nach Herne um. Mit seinem eigenen »Häusken« am Stadtrand erfüllte er sich einen Traum. Journalisten mußten immer wieder mehr oder weniger enttäuscht feststellen, daß Jürgen von Manger zwar seinen Tegtmeier mochte, selber aber wenig mit dem Ruhrpott-Kumpel gemein hatte. Er trug keine Schiebermütze, mangerte nicht, sondern sprach natürlich Hochdeutsch, liebte Trakl und Rilke, plauderte gebildet und charmant und war ein ernsthafter, fast introvertierter Mensch. Und es kränkte ihn, wenn man über sein schiefes Gesicht lächelte, es für einen Image-Gag hielt. Schließlich war diese Physiognomie alles andere als eine Masche und rührte von einer falsch behandelten Gesichtsentzündung in den 50er Jahren her.

Im August 1985 erlitt Jürgen von Manger einen Schlaganfall und wurde halbseitig gelähmt. Eine Gehirnblutung hatte auch das Sprachzentrum des 62jährigen angegriffen. Intensivstation, Nachbehandlungen und Rehabilitationsklinik, aber der große Komiker und Sprachverdreher blieb stumm. Mit konsequentem Sprachtraining und Gymnastik bekämpfte er sein Schicksal, erholte sich ein wenig. Aber an Auftritte war nicht mehr zu denken. Trotzdem blieb seine Popularität fast ungebrochen. Seine Agentur bearbeitete noch Jahre nach seinem Abschied von der Bühne Fanpost und erfüllte Autogrammwünsche.

Es war niemals wirklich still um ihn. Jeder runde Geburtstag wurde nicht nur von den Medien gefeiert. Im Jahre 1991 verlieh der damalige Ministerpräsident Johannes Rau dem »Revierbarden« den Verdienstorden des Landes Nordrhein-Westfalen und würdigte ihn als großen Künstler, der mit humorvoller und kritischer Darstellung die Mentalität und Lebensgewohnheiten der Menschen im Revier einem breiten Publikum näher gebracht habe.

Sein 70. Geburtstag wurde zu einem öffentlichen Ereignis. Mehr als 90 Gäste trafen im März 1993 in einem Herner Feinschmeckerlokal zum Feiern ein. Aber ein Jürgen von Manger kann es nun einmal nicht lassen: Er läßt Kirschkompott servieren - allerdings mit Steinen. Die Beantwortung der Frage, wohin bloß mit den Kirschkernen in so illustrer Umgebung, überließ der Jubilar jedem Gast selbst und freute sich königlich. Er hatte sich schließlich schon vor Jahren mit dem »feinen Benehmen« auseinandergesetzt:

»Ja, stellen Sie sich jetzt vor - nur mal angenommen -, Sie wären ein vornehmer Mensch ... aus die sogenannte bessere Kreise, alles. Und jetzt wärense zu'n Mittagessen eingeladen. Die meisten denken, dat genügt, wenn man da hinmarschiert und sich nur eben kurz de Wampe vollschlägt. Ja, mein lieber Scholli - denkste!« Sogar über das Kirschkernproblem hatte er konkret nachgedacht. »Auf'm Teppich geht nicht, wenn da so'n wertvoller Persianer liegt, will man da dem Gastgeber doch nicht antun. Sicher, paar Kerne könnte man schließlich selber runterschlucken... Ich hab mir dat jetzt so ausgedacht: wenn't gar nich anders geht, ruf ich auf einmal: 'Au Junge - Achtung - der Kronleuchter!!!' Und wenn dadurch alle so angsterfüllt nach oben kucken, weil se denken, dat Ding käm runter, in diesen unbewachten Augenblick kann man dann schnell die Kirschkerne inne Blumenvase tun, oder auf die Tischdame ihr'n Teller, oder, wenn gar nicht anders geht, auch inne eigene Hosentasche. Dann is man natürlich fein raus!«

Jürgen von Manger erlitt zwei weitere Schlaganfälle. Er starb am 15.3.1994 in Herne. Ganz Deutschland trauerte um den Kabarettisten und Schauspieler. Nachrufe in der Süddeutschen, der »Zeit«, der »Frankfurter Allgemeinen« und in den regionalen Zeitungen Westfalens würdigten den Mann, der uns so oft in nachdenklicher Weise ergötzt hat.

Ein schöner schlichter Grabstein auf dem Friedhof in Hagen-Delstern schmückt seine letzte Ruhestätte. Bemerkenswert ist dieser Gottesacker durch den bedeutenden Jugendstilbau von Peter Behrens - das Eduard-Müller-Krematorium. Das 1908 fertiggestellte Krematorium fällt durch seinen kubisch geschlossenen, symmetrisch gestalteten Baukörper auf. Künstlerisches Vorbild war die Kirche San Miniato al Monte in Florenz. Auf faszinierende Weise wurde hier durch einen streng geometrischen Dekor die sakrale Atmosphäre mit einer säkularen Funktion vereint. Der Delsterner Friedhof beherbergt auch einen der wichtigsten westfälischen Lyriker: Ernst Meister (1911-1979). Außerdem findet sich dort das Urnengrab des Malers und Grafikers Christian Rohlfs (1849-1938) - es ist mit der Barlachschen Bronzeplastik »Der lehrende Christus« versehen.

Die ganze Welt auf einer Karte oder Wie der Atlas zu seinem Namen kam

Gerhard Mercator (1512-1594)

Wer du auch seist, der hinzutritt,
fürchte nicht, daß diese kleine Scholle
den begrabenen Mercator als eine Last bedrückt.
Die ganze Erde ist keine Last
für einen Mann, der als ein Atlas
ihr ganzes Gewicht auf seinen Schultern trug.

Diese Inschrift in der südlichen Chorkapelle der Salvatorkirche in Duisburg rühmt den vielleicht größten Sohn der Stadt: Gerhard Mercator. Sein Epitaph weist auf jenen Mann hin, dessen Namen wir heute in erster Linie mit dem Begriff Atlas in Zusammenhang bringen.

Ein solches Kartenwerk kennt man: Bereits in der Grundschule bekamen wir alle einen Schulatlas vom Lehrer überreicht, Verlage und Buchhandlungen bieten unzählige geographische, geologische oder historische Atlanten an; es gibt thematische Kartenwerke, wie zum Beispiel den »Atlas der Weltwunder«, den »Atlas der Brutvögel Bayerns« oder den »Atlas der Veterinärpathologie«. Sogar an Tankstellen findet man einen »Schlemmer-« oder »Schlummer-Atlas«. Nach der Vorstellung der antiken Mythologie war Atlas bekanntlich jener Titan, der das Himmelsgewölbe auf seinen Schultern trug.

Und wer war nun der gerühmte Mann, der in der eingangs zitierten Inschrift mit »Atlas« in Verbindung gebracht wird und der über 40 Jahre seines Lebens in Duisburg verbracht hat? Wer war der Gelehrte, der der dortigen Universität, der Stadthalle und vielen weiteren Lokalitäten der Stadt seinen Namen gegeben hat und dem man einen Brunnen als Denkmal baute?

Als Gerhard Kremer kam der Sohn eines armen Schuhmachers am 5. März 1512 im ostflanderischen Rupelmonde bei Antwerpen zur Welt. Früh verwaist, schickte ihn sein Onkel nach Herzogenbusch zu den »Brüdern vom gemeinsamen Leben«. Dort begann der 14jährige nicht nur das Studium der Grammatik und der Dialektik, sondern er entwickelte sich zu einem begabten Kalligraphen. Für die Kunst des Schönschreibens war das Fraterhaus berühmt. Und die Werke der Kopisten galten als ebenso bedeutsam wie die der eigenen kleinen Druckerei. Das Abschreiben, Gestalten und Binden von Büchern waren für den Jungen Arbeiten, mit denen er sein Kostgeld und seine Ausbildung verdiente.

Mit 18 Jahren verließ Mercator die Gemeinschaft, befand sein Onkel doch, daß es nun an der Zeit sei, ein Studium in Löwen zu beginnen. So studierte er Philosophie, Mathematik, Astronomie und Kosmographie. Ein Jahr nach seiner Promotion zum Magister lernte er Rainer Gemma Frisius kennen. Dieser erst 23 Jahre alte Gelehrte war nicht nur Mediziner und Mathematiker, sondern er hatte auch eine eigene Werkstatt in der Stadt gemietet. Als Mercator zum ersten Mal diese Werkstatt betrat, mochte er wohl kaum seinen Augen getraut haben. Unzählige wertvolle Fachbücher und Geräte zum Vermessen und Herstellen von Landkarten oder zur Konstruktion von Erdgloben fand er dort vor. In einer Zeit, in der sich Kopernikus anschickte, das gesamte Weltbild auf den Kopf zu stellen, in einer Zeit, in der die Inquisition über alle potentiellen »Ketzer« wachte, traf Mercator nun auf Veröffentlichungen, handschriftliche Reiseberichte und auf Instrumente, um diese sich verändernde Welt, diese größer werdende Erdoberfläche darzustellen.

Das 16. Jahrhundert läßt sich als eine Art Scharnier zwischen dem Mittelalter und der Neuzeit begreifen. Und es war die aufregende Zeit der Seefahrer. Unter iberischer Vorherrschaft wurden Entdeckungsreisen gemacht, aber auch Kriege geführt. Marco Polo berichtete Abenteuerliches vom Fernen Osten, Kolumbus hatte Indien gesucht und Amerika gefunden, Vasco da Gama segelte bald darauf nach Kalikut, nach Westindien, und dem Portugiesen Magellan gelang 1520 unter größten Strapazen die erste Weltumsegelung. Damit war nun endgültig der Beweis für die Kugelgestalt unseres Planeten erbracht. Die Erde wurde sozusagen entmystifiziert; das Weltbild war nichts Statisches mehr. Auf der einen Seite muß es für die Kartographen faszinierend gewesen sein, an der Erschließung der Welt teilzunehmen, indem sie alle Veränderungen als evolutiven Vorgang in den Karten dokumentieren konnten. Andererseits bedeutete es für die Zunft der Kartenhersteller allerdings ein Dilemma. Mit jeder neuen Entdeckung war eine Landkarte natürlich veraltet - oftmals schon, bevor sie veröffentlicht war. Das Herstellen von Karten war zunächst ein wenig gewinnbringendes Unternehmen. Und doch war es eine immer wichtiger werdende Notwendigkeit - schon deshalb, weil die globalen Abenteurer ebenso wie die zunehmende Handelsschiffahrt auf gute Karten angewiesen waren.

Für Mercator bedeutete es eine Herausforderung. Seine Laufbahn als Kartograph begann er mit dem Stechen der Streifen für den von Rainer Gemma Frisius im Jahre 1535 veröffentlichten Erdglobus. Der Lehrling war handwerklich so geschickt, daß sein Meister ihn beauftragte, eigenständig Globen, astronomische Ringe und anderes Zubehör aus Messing anzufertigen. Er lernte schnell, überflügelte bald seinen Lehrer und arbeitete immer selbständiger. Und er war plötzlich finanziell unabhängig.

Nur sehr wenig weiß man über sein Privatleben. In diesen Anfangsjahren seiner kartographischen Arbeit muß er jedoch seine spätere Frau kennengelernt haben. Im August 1536 heiratete er Barbara Schellekens aus Löwen und zog in das Haus seiner Schwiegermutter. Hier begann er, Globen und Wandkarten herzustellen und entwickelte sich mehr und mehr zu einem geschäftstüchtigen Verleger.

Wenn heute satellitengestützte Aufnahmegeräte Bilddaten von der ganzen Erde für die Kartographie nutzbar machen und elektronische Karten und Atlanten auf den Markt drängen, hat man kaum eine Vorstellung von der abenteuerlichen Geschichte der Kartographie. Dabei war es ein weiter Weg von den ersten Aufzeichnungen auf Tontafeln und Papyrus über Ptolemäus und sein geozentrisches Modell des Planetensystems, über römische Karten, die nach rein praktischen Gesichtspunkten gestaltet waren. Erst im Zeitalter der Renaissance änderte sich mit der Wende vom geozentrischen zum heliozentrischen Weltbild zwangsläufig die Gestaltung der Weltkarten. Doch oftmals blieb man lieber bei den »gottgefälligen« Darstellungen, nach denen Sonne, Mond und Sterne harmonisch um die zentrale Erde kreisen. Oder man konzentrierte sich auf prachtvolle Kolorierungen und meisterhafte Dekorationen.

Entscheidend war für Mercator die »Herrschaft der Wahrheit«. Seine Karten geben den Inhalt sehr klar wieder, weisen eine Randgraduierung auf und verzichten größtenteils auf künstlerische Ausschmückungen. Der Wirklichkeitssinn der Renaissance spiegelt sich bei ihm in objektiven, mathematisch berechneten Darstellungen wider. Erste Ansätze zu einer genauen und systematischen Wiedergabe der Topographie finden sich bei Sebastian Münster (1489-1552). Da es jedoch keine exakten Vermessungsgeräte gab, erscheinen Details oder die Konturen von Seen oder Bergen immer noch als sehr verzerrt, und in seinen Stadtansichten wurden bedeutsam erscheinende Gebäude auch größer dargestellt, als es der Realität entsprach.

Dennoch sind diese Werke des 16. Jahrhunderts von einer zwar relativ exakten Darstellung, aber auch von einer schnöden Nüchternheit, wenn man sie mit den kartographischen Arbeiten der Frühzeit vergleicht. Karten waren nicht nur ein Mittel, um Entfernungen anschaulich zu machen. Vielmehr war es ihre Eigenart, auch Phantasien, allegorischen Gestalten, Ängsten und Wünschen Raum zu geben. Je nach Geschmack der Zeit entstanden wunderschöne, prachtvolle Kunstwerke. Besonders im ausgehenden Mittelalter wurden Karten liebevoll ausgeschmückt und verziert. Viele Werke aus christlichen Klosterkammern zum Beispiel zeigen wilde Fabelgestalten, die in den Meeren leichtfertigen Seglern auflauern. Heute fast kindlich erscheinende Betrachtungen von neu entdeckten Gebieten und Völkern sowie aufregende Spekulationen wurden in farbenfroher Weise ausgestaltet. Da, wo das Faßbare und das Wissen aufhörten, begann die Phantasie.

Mit Mercator und vielen zeitgenössischen Kartographen, wie dem bereits genannten Sebastian Münster, Ortelius oder Barthes Stein setzte das Streben nach Präzision und Detailtreue in der Kartenherstellung ein. Bereits seit 1536 hat Mercator die ersten eigenen Karten - noch nach den Grundsätzen der ptolemäischen Projektionen - veröffentlicht. Fünf Jahre später erschien der erste seiner Globen. Er war erfolgreich, aber er träumte bereits davon, ein noch nie dagewesenes globales Werk zu erschaffen, das er Atlas nennen wollte.

Doch die politischen Unruhen in den Niederlanden zwangen ihn, seine Arbeit zu unterbrechen. Durch die Verbreitung der Reformationsgedanken und mit dem beginnenden

Widerstand der Niederländer gegen die spanische Herrschaft war Unruhe ins Land gekommen. Mit der Inquisition antwortete Spanien auf Protestanten, Skeptiker, auf Andersgläubige, auf Unabhängigkeitsbestrebungen. Auch Mercator wurde im Jahre 1544 der Ketzerei angeklagt und inhaftiert und verbrachte acht Monate Kerkerhaft in Rupelmonde. Er habe sich der »Lutherey« schuldig gemacht, und obwohl man ihn wieder freiließ, fürchtete er weitere Denunziationen. Erst als er 1552 mit seiner Frau nach Duisburg emigrierte, konnte er endlich in Sicherheit leben und arbeiten. Er trat in die Dienste des Herzogs von Kleve und führte als Geometer und Topograph Grenzvermessungen durch. 1558 bezog er ein Haus in der Oberstraße 4 in unmittelbarer Nähe des Burgplatzes und der Salvatorkirche, dort, wo sich heute die Gebäude der Berufsschule befinden.

Hier in Duisburg erschien schon bald die bedeutende Karte von Europa, die zur Grundlage aller modernen Europakarten des 16. und 17. Jahrhunderts werden sollte. Aber viel wichtiger erschien den Kartographen jener Zeit die Frage, wie man die Kugelgestalt der Erde auf die Ebene des Papiers projizieren könne. Der portugiesische Mathematiker Pedro Núñez hatte bereits 1537 eine Linie entwickelt, die auf der Kugeloberfläche als spiralförmige Kurve alle Längenkreise im gleichen Winkel schneidet. Diese sogenannten loxodromen Linien waren für Mercator der Schlüssel für eine Kartenprojektion, die die Orientierung auf See in noch ungeahnter Weise erleichtern sollte. Seine Idee war, diese Linien so auf eine Fläche zu projizieren, sie soweit zu strecken, daß sie dort als eine Gerade erscheinen.

Mercator übertraf 1569 mit der Weltkarte, der »Mappa Mundi Mercatoris«, alles bisher Entwickelte. Er hatte erkannt, daß die Landkarten, die bislang vorlagen, wegen ihrer gekrümmten und gegeneinander geneigten Meridiane nicht für die Schiffahrt geeignet waren. Mit dieser seiner letzten großformatigen Einzelkarte veröffentlichte er eine für die Seefahrt überaus bedeutsam gewordene Erneuerung. Die Karte zeichnet sich dadurch aus, daß Mercator senkrecht in gleichen Abständen verlaufende Längengrade oder Meridiane mit einer Einteilung der »wachsenden Breiten«, also waagerechten Linien, deren Abstände nach beiden Polen hin breiter wurden, kombinierte. Diese Projektion mit parallelen Längen und Breitenkreisen, die sogenannte »Mercatorprojektion«, ermöglichte es, ein Gradnetz zu erhalten, auf der die Seefahrer nun auf einfache Weise den Kurswinkel entnehmen konnten.

Mercator schrieb als Begleittext zu seinem Werk: »Der Hauptzweck, den ich beim Entwurf dieser Weltkarte verfolgte, war die Absicht, die Kugeloberfläche der Erde so in der Kartenebene auszubreiten, daß die Lage aller Punkte nicht nur nach Länge und Breite, sondern auch in bezug auf ihre gegenseitige Richtung und Entfernung genau der Wirklichkeit entsprach und daß die Gestalt der Länder, soweit wie möglich, der auf der Kugeloberfläche ähnlich blieb.« Erstmalig gab es eine echte Seekarte, die einen exakten Kompaßkurs ermöglichte. Von nun an konnten Navigation in einem eindeutig definierten Netz von Meridianen und Breitengraden betrieben und genaue geographische Koordinaten bestimmt werden. Die Seefahrer waren jetzt in der Lage, die Kurslinie durch Winkelmessung im Verhältnis zu den Meridianen festzulegen. Dieses praktische Ergebnis seiner Arbeit begründet in erster Linie den Ruhm des Gelehrten - wegen ihrer Winkeltreue ist die »Mercatorprojektion« noch heute für die Navigation von großer Bedeutung.

In diesen Jahren veröffentlichte Abraham Ortelius (1527-1598), der neben Mercator als Begründer der kommerziellen

Kartenherstellung gilt, seine auf acht Blätter gedruckte Weltkarte. Sechs Jahre später, im Jahre 1570, erschien dann eine aufsehenerregende Ausgabe: ein Kartenbuch mit 70 einheitlich gestalteten Blättern. Er nannte es »Theatrum Orbis Terrarum«, und es gilt als die erste organisierte Zusammenstellung von Einzeldarstellungen. Dazu hatte Ortelius Karten anderer Autoren gesammelt, die seiner Meinung nach besten ausgewählt und neu gestochen, so daß sie dem Format seiner Ausgabe entsprachen. Sein Werk war überaus erfolgreich und erlebte insgesamt 40 Auflagen; die letzte erschien im Jahre 1612 - 14 Jahre nach dem Tod des Kartographen.

Mercator, der Ortelius freundschaftlich verbunden war, griff dieses Konzept auf, aber seine Pläne waren noch viel umfangreicher. Er wollte ein riesiges kosmographisches Werk schaffen - die Krönung seines Lebenswerkes. »Atlas sive Cosmographicae meditationes de fabrica mundi et fabricati figura« sollte es schließlich mit vollständigem Titel heißen, und es wird bereits deutlich, daß es sich hier nicht nur um eine Sammlung von Karten handelt, sondern auch um »kosmographische Meditationen über die Erschaffung der Welt und die Form des Geschaffenen«. Die 107 Karten, die zur Sammlung des geographischen Teils dieser Arbeit gehören, sind noch zu seinen Lebzeiten nach und nach erschienen. Posthum veröffentlichte sein Sohn Rumold 1595 Mercators Ausführungen über die Schöpfung und stellte sie der ersten kompletten Kartensammlung, dem Atlas, als Vorwort voran.

Das im Renaissance-Stil gestaltete prachtvolle Titelbild dieses Kartenwerkes zeigt einen kräftigen Mann, der mit dem Himmel und der Erdkugel zu spielen scheint. Mercator hatte in seiner Einleitung darauf hingewiesen, daß die Bezeichnung »Atlas« von dem sagenumwobenen mauretanischen König Atlas stamme; dieser soll ein großer Astronom und Kosmograph gewesen sein. Diese Figur, und nicht, wie oft angenommen, der antike Titan, treibt also auf dem Titelbild ihr Spiel, sie war daher namengebend für diesen und alle späteren Atlanten.

Wenn man heute Mercators Hauptwerk betrachtet, drängt sich die Frage nach der Vereinbarkeit von Theologie und Naturwissenschaft auf. Seine Arbeit als Kartograph und sein damit verbundenes empirisches Denken widerspricht auf den ersten Blick den Grundsätzen der kirchlichen Lehre. Aber insbesondere die neuere Forschung weist immer wieder darauf hin, daß für Mercator als gläubigen Menschen dieser Gegensatz, dieser Spannungszustand nicht bestanden hat. Für ihn und seine Zeitgenossen waren die naturwissenschaftlichen Erkenntnisse und die Religion zumeist nicht unvereinbar, sondern sie ergänzten sich gegenseitig. Die biblische Welt, die Entstehung des Menschen und die Heilige Schrift wurden nicht in Frage gestellt - im Gegenteil: Die Kosmographie trug in Mercators Augen dazu bei, den göttlichen Plan zu begreifen. Neuzeitliche Denker können nur wenig mit diesen kosmographischen Vorstellungen anfangen, aber sie schätzen die Landkarten des Atlasses, die wichtiges Informationsmaterial über eine quasi neu entstehende Welt liefern.

Mercator war nicht nur ein Perfektionist, sondern auch ein erfolgreicher Geschäftsmann. Mit seinen beiden Söhnen Rumold und Arnold führte er ein streng durchorganisiertes Familienunternehmen. Arnold, der ältere Sohn, übernahm im Laufe der Zeit immer mehr die Aufgabe des Reisens, um neue Gebiete, Städte oder Länder zu vermessen, während Rumold, ein gelernter Buchhändler, später in erster Linie den Vertrieb der Karten übernahm. Der Meister selber widmete sich der Korrespondenz und seinem großen Werk, dem Atlas, an dem er insgesamt rund 25 Jahre arbeitete.

Nachdem im Jahre 1587 sein Sohn Arnold an einer Rippenfellentzündung gestorben war, wurden die Enkelkinder Gerhard, Johannes und Michael mehr und mehr als Kartographen und Kupferstecher tätig.

Sein Geschäft florierte, sein Name wurde voller Respekt und Bewunderung ausgesprochen, aber Mercator wurde älter und einsamer. Als auch seine Frau Barbara nach 50 Jahren Ehe verstarb, stürzte er sich verzweifelt in die Arbeit. Seine besorgten Freunde beobachteten einen hektischen, manchmal depressiven Mann, der kränkelte und beim Gehen nun den linken Fuß nachzog. Im Jahre 1590 erlitt er einen Schlaganfall, der ihn halbseitig lähmte und ihm das Sprachvermögen nahm. Seine zweite Frau Gertrud, er hatte sie nach dem Trauerjahr geheiratet, versuchte mit Massagen und Einreibungen Linderung zu verschaffen. Trotz einer langsamen Genesung war Mercator verzweifelt und unwillig. Seine Arbeit, sein großes Lebenswerk, der Atlas, war noch nicht vollendet. Doch der Kartograph sollte sich nicht wieder vollständig erholen und blieb für den Rest seines Lebens voller Todesangst. Nach einem Gehirnschlag vier Jahre später starb er im Alter von 82 Jahren. In der Gruft des Erbbegräbnisses von Sankt Salvator, der heutigen Salvatorkirche, wurde er zur letzten Ruhe gebettet. Zu sehen ist allerdings heutzutage nur das Epitaph - das Grab, wurde zu Beginn des Jahrhunderts zerstört, da es den frierenden Gläubigen zu kalt geworden war und eben genau dort eine Heizungsanlage gebaut wurde.

Die Stadt Duisburg ehrt ihren berühmten Bürger unter anderem in der Mercator-Schatzkammer des Kultur- und Stadthistorischen Museums. Dort befindet sich eine umfangreiche Sammlung von Karten und Globen des Kartographen. Am 26. November 1996 fand in London die Versteigerung des »Mercator-Atlas von Europa« statt. Zu diesem Werk gehören unter anderem Teile der berühmten Europakarte. Der Atlas umfaßt insgesamt 50 Einzelkarten und wäre für die Stadt eine wichtige Ergänzung der Sammlung. Aber Kultur ist teuer - Sotheby's erwartete eine Einstiegssumme von fast drei Millionen Mark. Mit Hilfe von Stiftungen und privaten Spenden versuchte die Stadt mitzubieten, allerdings vergeblich: Das Kartenwerk ging an die British Library. So bleibt nur zu hoffen, daß dieser Atlas doch noch eines Tages zurückfindet in die Stadt, in der Mercator den Atlas zum ersten Mal Atlas nannte.

»Und drinnen waltet die züchtige Hausfrau«

Dr. August Oetker (1862-1918)

In der »guten alten Zeit«, als die Familie unumstrittener Mittelpunkt des Lebens und Bollwerk gegen die Außenwelt war, hatten die Frauen dort noch einen wahrhaft festgefügten, traditionellen Platz. Von Kindesbeinen an wurden sie auf ihre Rolle als beglückende Gattin, treusorgende Mutter und weise Vorsteherin des Haushalts vorbereitet. Ratgeber und Haushaltsbücher trugen dazu bei, aus jungen Mädchen tüchtige Frauenzimmer und sparsame Ehefrauen zu machen.

Es war die Zeit, in der das Zusammentragen der Aussteuer weit wichtiger war als Schulbildung und eine Ausbildung. Und es war die Zeit, in der Bücher wie »Das häusliche Glück. Vollständiger Haushaltungsunterricht nebst Anleitung zum Kochen für Arbeiterfrauen« (1882) in vielen Auflagen zu Bestsellern wurden. Haus- und Kochbücher waren allerdings nicht nur Leitfaden zur sparsamen Wirtschaftsführung, sondern verstanden sich auch als moralischer Eheratgeber für zukünftige Gattinnen. So wurden den Rezepten und Wäschepflegetips unzählige Mahnungen und Aufforderungen vorangestellt: »Ertrage die Fehler deines Mannes mit Geduld«, »Werde immer friedfertiger und sanftmütiger« oder »Halte dich still für dich, möglichst fern von geschwätzigen Freundinnen«.

Der Weg war vorgezeichnet; eines Tages würde er beim Herrn Papa um ihre Hand anhalten, sie dann im Brautschmuck mit Myrtenkranz und weißem Schleier als seine Frau aus der Kirche führen, alsbald würde aus dem Ehepaar eine Familie, und das »junge Glück« wäre vollkommen. Eben so stellte man sich das Schicksal einer jungen Frau vor, und so beschreibt zum Beispiel schon Schiller in der »Glocke« ein romantisch-verbrämtes Bild von der Frau, die da »füget zum Guten den Glanz und den Schimmer / und ruhet nimmer«.

Daß diese züchtigen Hausfrauen je nach sozialer Schicht bis weit ins 20. Jahrhundert wahre Meister im Organisieren und Improvisieren sein mußten, kann man sich vielleicht heute gar nicht mehr im vollen Umfang vorstellen. Mit der Industrialisierung, der Bevölkerungsexplosion und einer Massengesellschaft der Arbeiter entstanden um die Jahrhundertwende 9 Millionen Haushalte in Deutschland, die mit jedem Pfennig rechnen mußten - Kleinbauern, Handwerker, Lohnarbeiter und Tagelöhner. Hauptnahrungsmittel waren Kartoffeln, Kohl- und Mohrrüben, Buttermilch und Heringe. Die Kluft zur Ernährungsweise der bürgerlichen und großbürgerlichen Schichten war groß. Während in einem Kochbuch für »sehr bedürftige Verhältnisse« Mittagsmahlzeiten für 4 Erwachsene zwischen 33 und 47 Pf vorgeschlagen wurden, las sich zum Beispiel ein Kuchen-Rezept in einem »Allgemeinen deutschen Kochbuch für bürgerliche Haushaltungen« ganz anders: »Man nehme ein Pfund feines Weizenmehl, 3/4 Pfund frische Butter, 4-5 Löffel voll gute dicke Hefe, 15 frische Eier, 1/4 Pfund geriebenen Zucker nach Gutdünken…«

Allen Schichten gemein war jedoch die Notwendigkeit, mit den gegebenen Mitteln eine wahre Koch-Kunst zu zeigen. Abwechslungsreich sollten die Mahlzeiten allemal sein, denn mangelhaftes Kochvermögen führe mithin zum häuslichen Unfrieden, und der Grund, der die Männer in die »Gast- und Lusthäuser« treibe, seien »unverständige Gattinnen, die nicht kochen können«. So jedenfalls sah es Karl Friedrich Rumohr, der Verfasser des »Geistes der Kochkunst«. Also tat die kluge, tugendhafte Hausfrau alles, um den häuslichen

Frieden zu sichern. Dies war jedoch bei weitem nicht so leicht zu bewerkstelligen wie heute - im Zeitalter der perfekten Technisierung aller Küchen.

In der Zeit vor den Gefriertruhen, Mikrowellen, Mixgeräten und elektrischen Dosenöffnern war es eine sehr aufwendige Arbeit, Nahrungsmittel zu konservieren und zu verarbeiten. Die Einführung der Konserve, die sich um 1900 in Deutschland immer mehr durchsetzte, belebte nicht nur den internationalen Handel. Was zunächst nur ein Notnahrungsmittel für Seeleute oder als Delikatesskonserve ein Luxusartikel für die Reichen war, wurde zu einer enormen Erleichterung für die Hausfrau. Neben der Konservenindustrie gab es aber auch eine Reihe weiterer bedeutender Erfindungen im Bereich der Nahrungsmittelindustrie. Der Schweizer Mühlenbesitzer Julius Maggi (1846-1912) entwickelte aus Gemüse, Küchenkräutern und anderen Zutaten ein kochfertig abgepacktes »Suppenmehl«. Die Zeit, in der die Frau gezwungen war, fast einen gesamten Vormittag allein auf die Zubereitung einer Suppe zu verwenden, war vorbei. Karl Heinrich Knorr begann in den 70er Jahren des 19. Jahrhunderts, Hülsenfrüchte zu verarbeiten, und bald gelang es dem »Knödelkönig« Eckart, aus getrockneten Kartoffeln Puffer und Knödel herzustellen. Ein adrettes Werbemädchen namens Fanni wurde später zu »Pfanni« und damit zum Firmennamen eines Markenartikels.

Die Geburt eines der ersten Markenartikel in der deutschen Nahrungsmittelindustrie fand jedoch Jahre vorher in Bielefeld statt. Der Apotheker Dr. August Oetker verkaufte seit 1892, in Tütchen abgepackt, ausreichend für genau 500 Gramm Mehl, ein Backpulver, mit dem die Hausfrau stets einen gelungenen Kuchen auf den Tisch zaubern konnte. Zum Preis von 10 Pfennig je Tüte inklusive einiger absolut sicherer Rezepte machte dieses Produkt Karriere.

Es wurde zum Grundstein für einen Konzern, der heute zu den größten Familienunternehmen Deutschlands zählt. Ein Gigant, der neben der Produktion von Nahrungsmitteln auch in der Herstellung von Getränken, auf dem Gebiet der Schiffahrt und in der Hotellerie sowie im Bank- und Versicherungswesen tätig ist. Aber wie es sich für eine gute Erfolgsstory gehört, führten natürlich erst ein langer Weg und einige Niederlagen von der kleinen Aschoffschen Apotheke an der Niedernstraße in Bielefeld zu dem Unternehmen, das heute weltweit Milliardenumsätze verbucht. »Man nehme...«:

August Oetker wurde als ältestes von zehn Kindern am 6. Januar 1862 im niedersächsischen Obernkirchen geboren. Er galt als aufgeweckter, etwas derber und sehr wißbegieriger Knabe. Nach Abschluß der Bürgerschule schickten ihn seine Eltern, ein Bäckerehepaar, zum Gymnasium nach Bückeburg. Und im Herbst 1878 begann er als Lehrling bei einem Apotheker in Stadthagen. Hier, so kann man in einer Firmengeschichte nachlesen, begegnete der junge Mann oftmals dem Humoristen Wilhelm Busch, der großen Spaß hatte an der originellen Art, mit der August Oetker seine Drogen und Medikamente anpries. Nach Beendigung seiner Lehrzeit folgten, wie damals üblich, einige Wanderjahre. Der junge Mann gelangte schließlich nach Hanau, wo er bei der Witwe Jacoby, die in der Stadt ein Textilgschäft besaß, logierte. Dort verliebte er sich in deren Tochter Caroline. Auf eine Hochzeit mußte das Mädchen jedoch noch einige Jahre warten, denn August Oetker wollte nicht nur zuvor seiner Wehrpflicht nachkommen, sondern strebte auch ein naturwissenschaftliches Studium an.

Er siedelte zielstrebig nach Berlin über und später nach Freiburg, wo er sich auch der Philosophie widmete. Im Jahre 1888 promovierte er zum Dr. phil., und zwar mit einer Dissertation über das Thema: »Zeigt der Pollen in der Unterabteilung der Pflanzenfamilie charakteristische Unterschiede?« Freilich hatte dieses Thema keinerlei Bezug zur Geschichte des Unternehmens, aber der akademische Titel eignete sich gut für den Firmennamen und ist bis heute fester Bestandteil: »Man nehme Dr. Oetker« - ein Slogan, der laut Umfrage 96% aller Bundesbürger vertraut ist.

Und nun, im Jahre 1889, wurde auch endlich geheiratet, und das junge Paar zog nach Berlin. Finanziell stand es jedoch nicht zum besten. Der junge Oetker hatte sich an einer Firma beteiligt, die Apothekeneinrichtungen vertrieb, aber der Erfolg war enttäuschend. Eines Tages jedoch ergab sich überraschend die Möglichkeit, eine Apotheke im Bielefelder Zentrum zu kaufen. Mit einem Darlehen seiner Schwiegermutter und einer Hypothek der Bank griff der 29jährige zu. Am 1. Januar 1891 übernahm er das Geschäft - dieser Tag gilt als Gründungsdatum des Oetker-Unternehmens.

Die Schulden lasteten schwer, aber der junge Mann war nicht nur ehrgeizig und strebsam, sondern auch erfindungsreich. Als Sohn eines Bäckers war er mit allen Vorgängen des Backens vertraut, und er erinnerte sich, daß einem Kuchen ein Pulver beigemischt wurde, damit dieser »aufgehe«. Sein Ziel war es nun, ein geeignetes Triebmittel zu finden, das den Hausfrauen das Backen nicht nur erleichtere, sondern auch eine Garantie für das Gelingen des Backwerks biete. Bisher waren Natron und Weinstein der Geheimtip der Frauen, und der junge Apotheker verkaufte dieses Mittel auch hier und da an seine weibliche Kundschaft. Aber ein gebrauchsfertiges Backpulver gab es noch nicht.

Der Chemiker Justus Liebig hatte bereits in den 60er Jahren des 19. Jahrhunderts ein Triebmittel entdeckt, das jedoch nicht haltbar war. Die Grundstoffe waren aber bekannt und sehr preiswert. Oetker suchte nun also nach einer exakten Mischung, die den Teig lockerte, die aber nicht verdarb und den Geschmack des Gebäckes nicht beeinträchtigte. So zog er sich täglich in eine kleine Kammer zurück - neugierige Blicke waren ihm zuwider - und stellte verschiedene Mischungen her. Endlich hatte er in seiner »Geheimbutze«, wie er sein kleines Labor nannte, eine erfolgversprechende Mixtur gefunden, ein Triebmittel, mit dem viel einfacher und schneller als mit Hefe oder Sauerteig zu backen war. Nun wurden die ersten Backversuche gemacht. Mit kleinen Tütchen, sorgsam in seiner Tasche verstaut, marschierte Oetker zu einer Bäckerei der Stadt und ließ jeweils ein Pfund Mehl mit seinem Backpulver anrühren. Argwöhnisch soll er jeden Handgriff beobachtet haben. Auch seine Frau Caroline hat in diesen Jahren sozusagen in Selbstversuchen unzählige Kuchen und Gebäcke herstellen müssen. Schließlich war das Ziel erreicht. Eine einwandfreie Mischung war gefunden und wurde in Tütchen abgepackt. Zwar war er von seinem Produkt überzeugt, doch konnte er wohl kaum ahnen, daß dieses Backpulver in den Küchen seiner Zeitgenossen und späterer Hausfrauen-Generationen zu einer immensen Erleichterung wurde - das Unternehmen Oetker spricht sogar von einer »Revolution in den Küchen«.

Nun mußte also seine Erfindung »nur noch« gut vertrieben werden. Zunächst kauften die Bielefelder Hausfrauen das »Backin«, so der einprägsame Markenname des neuen Produktes. Bald gab es ein gesteigertes Interesse im gesamten westfälischen Umkreis. Und so startete August Oetker eine regelrechte Werbekampagne. Er verschickte Proben, Prospekte und unzählige Broschüren, die auf die Sorgen und Wünsche der Hausfrauen eingingen. Immer wieder wies er auf die einwandfreie Qualität seines Produktes hin. Sein Ausspruch »Für reine Qualität leiste ich volle Gewähr« war Programm und fand sich in allen Werbeschriften wieder. Die Nachfrage nach dieser arbeitssparenden Neuerung wuchs trotz des für die damalige Zeit relativ hohen Preises von 10 Pfennig. Der findige Produzent expandierte, stellte zusätzliche Kräfte zum Abfüllen des Pulvers ein und kaufte bereits 1894 die erste Mischmaschine.

Aber was war das Geheimnis seines Erfolges? Oetker war nicht nur ein fähiger Produzent, sondern auch ein geschickter Werbefachmann. Sehr früh erkannte er die Bedeutung eines Logos zur Etablierung eines Markenartikels. Ein Warenzeichen, das sein Produkt unverwechselbar machte, mußte her. Im Jahre 1892 wählte er das Bild eines überschäumenden Limonadenglases. Es war die Schutzmarke für Brausepulver, dessen Herstellung zum Geschäft des Apothekers gehörte. Oetker befand jedoch bald, daß es nicht so recht zu seinem Produkt Backpulver passe.

Die Profilzeichnung der jungen Bielefelderin Johanna Kind inspirierte ihn zu einer Veränderung. Sie stand Modell für den Frauenkopf, den wir bis heute im Firmenlogo des Oetker-Unternehmens sehen. Dieses helle Profil auf dunklem Grund, zunächst neben dem Brauseglas, dann ab 1918 allein, garantiert seitdem den Wiedererkennungwert der Oetker-Produkte. Die Idee, mit dem nach links blickenden Kopf die Hausfrauen anzusprechen, war erfolgreich, und so meldete der Apotheker den sogenannten »Hellkopf« beim Berliner Patentamt an, um ihn damit gesetzlich zu schützen. Mit dem Slogan »Ein heller Kopf nimmt stets Dr. Oetkers Fabrikate« unterstützte er seinen für damalige Verhältnisse aufregend großen Werbefeldzug. Ohne Zweifel kann man den Firmengründer zu den Wegbereitern der Idee des Markenartikels zählen. August Oetker gehört denn auch zu den Gründungsmitgliedern des 1903 ins Leben gerufenen »Verbandes der Fabrikanten von Markenartikeln«.

Auf diesem Erfolg ließ sich aufbauen. Seine Schulden waren längst beglichen, den Beruf als Apotheker gab er auf und widmete sich fortan ausschließlich der Herstellung und Verbreitung von Nahrungs- und Hilfsmitteln für Küche und Haushalt. Neben dem »Backin« stellte er bald auch »Gustin« (übrigens eine Verniedlichung seines Vornamens) her, ein Nährmittel aus Speisestärke, dann Vanillin-Zucker und weitere Backzutaten und ebenso Puddingpulver der verschiedensten Geschmacksrichtungen sowie Einmachhilfen.

Die Produkte wurden nach dem alten Erfolgsrezept jeweils portionsweise abgefüllt. Um die Jahrhundertwende beschäftigte Oetker bereits 20 weibliche Arbeitskräfte, die die Mischmaschine betätigten - pro Mischung mußte damals eine ganze Stunde per Hand gekurbelt werden - und die einzelnen Beutel abwogen, gummierten und zuklebten. Bald wurden die Räumlichkeiten zu eng; selbst die Kontorräume, die kleine Küche der Frau Caroline Oetker sowie das Wohnzimmer waren schon für den Herstellungsbetrieb geräumt worden. Übergangsweise verlegte man das Verpacken auf den Hof unter freiem Himmel. Aber dieser Zustand war nicht nur bei aufziehenden Regenwolken problematisch. Im Mai des Jahres 1900 zog die gesamte Belegschaft aus den Räumen der Apotheke in ein Bielefelder Fabrikgebäude zwischen der Sparrenburg und dem Johannisberg an der Lutterstraße. Hier bekam die Fertigung der Produkte immer mehr industrielle Züge. Und sechs Jahre später gab es auch endlich eine automatische Abfüllmaschine, die die Beutel sogar verschloß und verklebte.

Daß der nun erfolgsverwöhnte Backpulver-König mit seiner kleinen Fabrik die Zügel fest in der Hand hatte und seinen unbedingten Ehrgeiz auch auf seine Mitarbeiter übertrug, versteht sich fast von selbst. Insbesondere die reisenden Vertreter, die in ganz Deutschland unterwegs waren, wurden unermüdlich angesport. So heißt es in einem Rundschreiben aus dem Jahre 1906: »Meine Artikel müssen im Jahre 1907 in allen Geschäften vorrätig sein. Das ist das Ziel, nach dem zu streben ist! ... An alle diejenigen meiner Vertreter, die bisher noch ungenügende Resultate in dieser Hinsicht zu verzeichnen hatten, richte ich hiermit die eindringliche Mahnung, sich diesem Teil ihrer Aufgabe so zu widmen, wie ich es verlangen kann, und wie es ihre selbstverständliche Pflicht ist.« Anschließend rechnete er seinen Vertretern vor, wieviele Päckchen, umgerechnet auf 60 Millionen Einwohner, ein jeder Reisende planmäßig zu verkaufen habe.

Auch auf seine zum großen Teil weiblichen Mitarbeiter hatte er stets ein wachsames Auge. Mehrmals täglich schritt er durch die Fabrikhallen und kontrollierte die Arbeiterinnen beim Mischen und Abfüllen, gab Anweisungen in der kleinen Versuchsküche und achtete natürlich insbesondere auf die hygienische Situation. In einer verklärt glorifizierenden Firmengeschichte aus den 40er Jahren wird immer wieder auf die ausgesprochen soziale Gesinnung des Firmengründers hingewiesen. Das Schicksal eines jeden Mitarbeiters habe ihm am Herzen gelegen. Und so habe er sogar eigens eine Lehrküche eingerichtet, »in der junge Mädchen, die schon länger im Betrieb arbeiteten und verlobt waren, im Kochen und Backen ausgebildet wurden. Aus dieser Küche wurden auch Schwächlinge und Magenkranke verpflegt.« Auch die angeschlossenen Säuglingspflegekurse waren »Fortbildungsmaßnahmen«, die, so sieht es jedenfalls jener Autor, einen durchaus praktischen Nutzen für die angehende deutsche Ehefrau und Mutter hatten, denn dort heißt es: »Somit können sich die jungen Mädchen, die aus der Fabrik ausscheiden, um zu heiraten, schon vorher etwas von jenen Kenntnissen aneignen, die für das Familienleben so wichtig sind.«

August Oetker stiftete der Stadt Bielefeld, die bis heute Stammsitz des Weltunternehmens ist, das Naturkundliche Museum, bereitete die Gründung eines Mikrobiologischen Institutes vor (das Vorhaben wurde allerdings durch den Ausbruch des Ersten Weltkrieges gestoppt) und unterstützte 1911 die Realisierung der Kaiser-Wilhelm-Gesellschaft, des Vorläufers der Max-Planck-Gesellschaft. Er gilt bis heute weithin als hilfsbereit und großzügig; er gab, wenn er es für richtig und angemessen und wohl auch für zweckmäßig hielt. Aber er war keineswegs altruistisch und haßte es, um Geld und Spenden gebeten zu werden. Für solche Fälle trug er prophylaktisch kleine Kärtchen bei sich, auf denen gedruckt zu lesen stand: »Geld verleihe ich nicht, Hypotheken beleihe ich nicht, fremde Angelegenheiten interessieren mich nicht, da ich mit meinen eigenen genug zu tun habe. Ich bitte, mich mit zwecklosen Anliegen zu verschonen. Achtungsvoll, Dr. August Oetker.«

Sparsamkeit waren wohl neben intensiver Werbung, strenger Wahrung des Markenartikel-Images und ständiger Pflege der Verbindung zu den Hausfrauen die Grundlagen für den bis 1914 unaufhaltsamen Erfolg. Oetker sammelte Preise auf internationalen Kochkunst-Ausstellungen und begann zu exportieren. In jenem Jahr beschäftigte das Unternehmen bereits 350 Mitarbeiter; dazu kamen die auf Provisionsbasis nach Leistung bezahlten Vertreter. In den Jahren zuvor hatte Oetker neue Verwaltungsräume in der Scharnhorststraße bezogen, wo auch 1913/14 das sogenannte Puddingpulvergebäude errichtet wurde. Außerdem gab es mittlerweile das Backpulvergebäude in der Lutterstraße. Oetker war längst Millionär, und alles lief reibungslos.

Doch dann brach der Erste Weltkrieg aus. Die männlichen Mitglieder der Belegschaft zogen nach und nach in den Krieg, gute Rohstoffe wurden knapp, die politische und wirtschaftliche Unsicherheit lähmte das Unternehmen. Am schlimmsten traf August Oetker jedoch der Tod seines einzigen Sohnes Rudolf, der als 27jähriger vor Verdun gefallen war. Ihm wurde nach dem Krieg die Konzerthalle an der Stapenhorststraße gewidmet - ein Bauwerk mit einer wahrlich einzigartigen Akustik. Mit seinem Kind verlor Oetker auch den Erben und Nachfolger für sein Lebenswerk. Am 10. Januar 1918, wenige Tage nachdem er einen langjährigen Mitarbeiter und Vertrauten als Teilhaber eingesetzt hatte, schloß der Gründer des Oetker-Unternehmens für immer die Augen. Er wurde auf dem Johannisfriedhof in Bielefeld begraben.

Wie die Firmengeschichte nach dem Ersten Weltkrieg weiterging, wie Herr Dr. Kaselowsky (die Kunsthalle Bielefeld, Richard Kaselowsky Haus, gilt als Meilenstein in der Geschichte der Museumsarchitektur) die junge Witwe des Sohnes heiratete und das Unternehmen als nationalsozialistischen Musterbetrieb wieder zum Erblühen brachte, und wie diese kleine Dynastie nach und nach zu einem Weltunternehmen wurde, ist ebenso spannend, wie die Frage, welche Nahrungsmittel-Artikel heute zu diesem Konzern gehören. So kann man mit einem Söhnlein-Sekt oder einem Gorbatschow-Wodka feiern, man kann auch ein Bier der Dortmunder Actien-Brauerei genießen - in jedem Fall ist es Oetkers Verdienst. Von der seit 1970 eingeführten Tiefkühlpizza, über Crème-Fraîche, Eiscreme, Backmischungen, Langnese-Honig über Müsli und diverse Fertiggerichte - das Sortiment umfaßt mittlerweile einige hundert Produkte.

Hatte der Firmengründer damals noch in seiner »Geheimbutze« mit bescheidenen Mitteln herumgetüftelt, so gibt es heute perfekte Versuchsküchen, die praktisch die Situation der Hausfrau »simulieren« und in denen täglich gerührt, gebacken, gekocht und abgeschmeckt wird - wohlfeile Kochbücher entstehen dabei natürlich auch. »Man nehme...«

Kabale und Liebe oder das Lachen vor Todesschmerz

Robert Schumann (1810-1856) und Clara Schumann (1819-1896)

Ein achtjähriges, zierliches Mädchen mit dunklen Haaren und großen mandelförmigen Augen spielt am 31.3.1828 ein Trio von Hummel und beeindruckt als musikalisches Wunderkind die kleine kunstbegeisterte Gesellschaft, die sich im Hause des Mediziners Ernst August Carus zusammengefunden hat. Die Beifallsbekundungen gelten aber nicht nur diesem jungen Talent, sondern, vielleicht sogar in erster Linie, ihrem Vater: Friedrich Wieck, dem bedeutenden Leipziger Klavierpädagogen. Unter den erlesenen Gästen des Ehepaars Carus befindet sich an jenem Abend auch der achtzehnjährige Abiturient Robert Schumann, der sich just an der Juristischen Fakultät der Leipziger Universität immatrikuliert hatte.

Als Sohn eines Verlagsbuchhändlers wurde Robert Alexander Schumann am 8.6.1810 in Zwickau geboren. Der Beruf seines Vaters und die Ausbildung in dessen Buchhandlung legten schon früh den Grundstein für seine literarischen Interessen. Zeit seines Lebens verehrte er die Schriftsteller Heinrich Heine, Joseph Eichendorff und Jean Paul, die ihm später die Quellen liefern sollten für die Lieder, so zum Beispiel für den Liederkreis, op. 39 (Eichendorff), oder die Dichterliebe, op. 48 (Heine). Heute gilt Schumanns Werk als Inbegriff der deutschen musikalischen Romantik. Sein poetisches Klavierwerk setzt unmittelbar nach Beethoven und Schubert ein und nimmt wesentliche Impulse der früheren literarischen Romantik auf. Aber wie bei vielen heute geschätzen und verehrten Künstlern führte auch bei Robert Schumann erst ein langer, steiniger Weg zur Kunst.

Der erste schwere Schicksalsschlag traf ihn, als im Jahre 1826 sein Vater starb. Hatte dieser ihn in seinen musischen Neigungen bestärkt und gefördert, waren seine Mutter und der Vormund des Knaben nun ganz anderer Ansicht. Sie lehnten seinen Wunsch nach einer musikalischen Ausbildung rigoros ab und sahen für ihn einen eher praktischen Beruf vor.

Obwohl Robert Schumann bereits im Alter von 11 Jahren seine erste größere Komposition geschrieben hatte, mußte er sich ihrem Wunsche fügen und sich der Jurisprudenz widmen, um einen »anständigen Broterwerb« anzustreben. Es läßt sich erahnen, wie widerwillig er sich beugte und dieses ihm doch viel zu trocken erscheinende Fach studierte. Dichtkunst oder Musik, Gehorsamkeit, Neigung oder Pflicht stritten viele Monate um den Vorrang. Robert Schumann liebte und respektierte seine Mutter jedoch zu sehr, als daß er in der Lage gewesen wäre, sich über ihren Wunsch hinwegzusetzen. So war er zunächst bereit, das Rechtsstudium in Leipzig und ab 1829 in Heidelberg zähneknirschend und tapfer zu Ende zu führen.

Im Herbst 1829 vollzog sich jedoch für Robert Schumann der endgültige Schritt hin zur Musik. Die überwältigenden Eindrücke eines Paganini-Konzerts in Leipzig, die phantastische Virtuosität dieses »Teufelsgeigers« brachten die Entscheidung. Unterstützt von Friedrich Wieck, der ihn für eine große Begabung hielt, bat er nun erfolgreich um die Erlaubnis, das Jurastudium aufzugeben und sich ausschließlich der Musik zu widmen. In einem Brief vom 30.7.1830 resümiert er: »Mein ganzes Leben war ein zwanzigjähriger Kampf zwischen Poesie und Prosa oder nenn es Musik und Jus.«

Endlich kann Robert also seine Klavierstudien bei Wieck aufnehmen. Der Klavierpädagoge, eine strenge Erscheinung mit kantigem Gesicht, schmalen Lippen und Backenbart, unterrichtet nicht nur, sondern ist sozusagen eine Musikinstitution. Er verkauft Klaviere, vermietet seine Leihbibliothek, und zudem ist sein Haus stets auch Pension für seine Schüler. Fest entschlossen, die durch das Jurastudium verlorene Zeit wieder aufzuholen, zieht Robert Schumann nun im Oktober 1930 im Wieckschen Hause ein. Hier trifft er immer wieder auf Clara Wieck, jenes begabte, anmutige Mädchen, dem er bereits vor zwei Jahren erstmals im Hause Carus begegnet war.

Als Tochter und Schülerin Friedrich Wiecks gestaltete sich Claras Kindheit und ihre musikalische Ausbildung auf ganz andere Weise. Schon vor ihrer Geburt am 13.9.1819 soll ihr Vater beschlossen haben, daß er, für den Fall, daß es ein Mädchen würde, eine große Pianistin aus ihr machen wolle. So gab er ihr dann auch den Namen Clara - die Strahlende, die Berühmte. Ihre Mutter, selbst eine ausgezeichnete Pianistin, trennte sich 1824 von Friedrich Wieck. So war dem Kind die Zukunft vorgezeichnet: Wieck war ein ebenso genialer wie auch strenger und unerbittlicher, anspruchsvoller Lehrer, und die Erziehung des virtuosen Wunderkindes stand seit ihrem sechsten Lebensjahr im Mittelpunkt seines Lebens. Viele Biographen weisen in diesem Zusammenhang darauf hin, daß er sogar viele Jahre lang ihr Tagebuch in der 1. Person Singular führte oder mit kommentierenden Anmerkungen ergänzte. Der autoritäre, ehrgeizige Vater, die fundierte, konsequente Ausbildung und die große Begabung der gehorsamen Tochter führten bald zum Erfolg. Bereits 1828, also im Alter von neun Jahren, trat sie erstmals öffentlich auf und faszinierte im Leipziger Gewandhaus das Publikum.

Robert Schumann, dieser fleißige Schüler ihres Vaters, ist für Clara bald wie ein großer Bruder. Er erzählt ihr gruselige Gespenstergeschichten, führt Scharaden mit ihr auf. Für die junge Pianistin sind dies kleine Momente der Entspannung und Abwechslung. Die Verbindung der beiden wird trotz des Altersunterschiedes immer inniger.

Die Kindheit des Mädchens ist nun endgültig vorbei, denn im September 1831 geht Clara erstmals mit ihrem Vater auf Tournee. In Weimar spielt sie vor Goethe, der ihr begeistert ein Brustbild mit der Widmung »Der kunstreichen Clara Wieck« schenkt, und in Paris erntet sie Erfolge in den mondänen Salons der feinen Gesellschaft. Als die mittlerweile zwölfjährige Clara schließlich wieder nach Leipzig zurückkehrt - wegen des Ausbruchs der Cholera mußte der Aufenthalt in Paris abgebrochen werden -, schreibt Robert Schumann in sein Tagebuch: »Clara ist hübscher und größer, kräftiger und gewandter geworden…«

Obwohl er sich stets neidlos über die Erfolge seiner kleinen Freundin freute, war Robert schon vor ihrer großen Konzertreise immer ungeduldiger ob der Entwicklung seiner eigenen Fähigkeiten geworden. Um die gleiche Fingerfertigkeit und Gelenkigkeit wie die um neun Jahre jüngere Clara zu entwickeln, kam er auf die fatale Idee, beim Üben den Mittelfinger der rechten Hand hochzubinden, um dadurch die anderen Finger zu kräftigen und raschere Fortschritte zu machen. Das Resultat war jedoch eine dauernde Lähmung in der rechten Hand. Kein Arzt, kein Wunderheiler konnte dem entsetzten Schumann helfen - seine Laufbahn als Pianist war damit beendet, für seinen Lehrer Wieck wurde er uninteressant.

Schumann muß also seine beruflichen Pläne ändern. Von nun an konzentriert er sich in erster Linie auf seine musikschöpferischen Tätigkeiten. Und während er sich 1834 mit der Gründung des Blattes »Neue Zeitschrift für Musik« eine weitere, neue Existenzgrundlage schafft, ist Clara Wieck sehr viel auf Konzertreisen. Die beiden schreiben sich fast täglich, sehen sich, so oft es geht, im Wieckschen Hause und sind durch Kompositionen, die sie sich gegenseitig widmen, einander verbunden. Der romantische, wenn auch unschuldig freundschaftliche Umgang der heranwachsenden Tochter mit Schumann ist dem autoritären Vater bald ein Dorn im Auge; eifersüchtig sieht er das von ihm erschaffene »Meisterwerk« in Gefahr. Kurzentschlossen schickt er die 15jährige unter einem Vorwand nach Dresden.

Die aufkeimenden Liebe, die Verehrung und der Kampf um Clara sollten von nun an Schumanns Leben für lange Zeit bestimmen. Aufregungen, Demütigungen und Intrigen seitens des tyrannischen Vaters sowie lange, erzwungene Trennungen von der angebeteten Pianistin wurden für den ohnehin labilen und empfindsamen Schumann immer wieder zur seelischen Qual.

Im April 1834 war Ernestine von Fricken als Logiergast im Hause Wieck eingezogen. Clara freundete sich schnell mit der drei Jahre älteren, wesentlich erwachsener wirkenden Ernestine, einer illegitimen Tochter des Barons von Fricken, an. Sie war ebenfalls eine gute Pianistin und wurde bald die Vertraute Schumanns. Wieck hätte beruhigt sein können, seine Tochter war in Dresden, und Schumann hatte bald nur noch Augen für Ernestine.

Doch es kam alles anders. Clara, die weiterhin heimlich Briefe an den »lieben Herrn Schumann« schrieb, fühlte sich vernachlässigt, und es schmerzte sie zutiefst, als sie von der Verlobung der beiden erfuhr. Fast mag man an eine Fügung glauben, denn die Liebesbeziehung zu Ernestine ließ Clara und Robert begreifen, daß ihre gegenseitigen Gefühle über eine Freundschaft hinausgingen. So schrieb Robert später an Clara: »Du bist meine älteste Liebe. Ernestine mußte kommen, damit wir vereint würden.«

Obwohl die Verlobung in beiderseitigem Einverständnis bereits kurze Zeit später wieder gelöst wurde, war sie sowohl für Clara als auch für Robert von großer Bedeutung. Ernestine von Fricken blieb den beiden zeit ihres Lebens freundschaftlich verbunden.

Zwischen Clara und Robert kommt es nun zu einer Aussprache, und sie hoffen auf die Unterstützung Wiecks. Der jedoch reist in »weiser Vorausahnung« mit seiner Tochter unverzüglich nach Dresden, noch ehe Robert Schumann die Möglichkeit hat, an ihn heranzutreten. Dort unternimmt der strenge Vater alles, um den Kontakt der beiden Verliebten zu unterbinden. Clara wird auf Schritt und Tritt überwacht, sogar ihre Korrespondenz geht zunächst durch die prüfenden Hände des Vaters.

In dieser verzweifelten Lage trifft Schumann der nächste Schicksalsschlag umso härter. Am 4.2.1836 stirbt seine geliebte Mutter, voller Trauer reist er umgehend nach Dresden, um heimlich seine Clara zu treffen, sich von der Geliebten trösten zu lassen. Als Wieck von dieser Zusammenkunft erfährt, reagiert er zornig und verbietet Clara von nun an jeglichen Umgang mit Robert. In jener Zeit notiert dieser die oftmals zitierten Zeilen: »...ich möchte lachen vor Todesschmerz. Der Zustand kann nicht lange so dauern - dies hält meine Natur nicht aus.« Die volle Bedeutung jener Notiz sollte sich aber erst im Laufe seines Lebens erklären.

Anderthalb Jahre vergehen, ohne daß sich die beiden schreiben oder gar sehen können. Durch einen heimlich von einem gemeinsamen Freund überbrachten Brief kann Clara jedoch den Kontakt zu Schumann wiederherstellen. »Sind Sie noch treu und fest? So unerschütterlich ich an Sie glaube, so wird doch der stärkste Mut an sich irre, wenn man gar nichts von dem hört, was einem das Liebste auf der Welt. Und das sind Sie mir. Tausendmal habe ich mir alles überlegt und alles sagt mir: es muß werden, wenn wir wollen und handeln. Schreiben Sie mir nur ein einfaches Ja...«, so bittet Schumann in einem der Briefe, und Clara antwortet umgehend und voller Zuversicht: »Ich tue es, und mein Innerstes flüstert es Ihnen ewig zu.« Der Komponist ist sich nun sicher, daß Clara ihn aufrichtig liebt und bereit ist, sich gegen den Willen des Vaters aufzulehnen. So wagt er es, an Claras 18. Geburtstag sich schriftlich Friedrich Wieck zu erklären. Dieser schmettert den jungen Mann jedoch brüsk ab und unternimmt mit Clara unverzüglich wieder eine lange Konzertreise.

Unerbittlich kämpft Wieck auch in den folgenden Jahren gegen den seiner Meinung nach unwürdigen Musiker an. Mit Vorwürfen und Verleumdungen gegen Robert, mit Strafen und Repressalien gegen Clara versucht er, diese Verbindung endgültig zu zerstören. Voller Haß und Verachtung soll er gesagt haben: »Wenn Clara Schumann heiratet, so sag' ich es noch auf dem Totenbett, sie ist nicht wert, meine Tochter zu sein.« Zermürbt und verzweifelt, aber auch gestärkt durch die immer wieder in heimlichen Briefen bestätigten Gefühle, sehen sie keine andere Möglichkeit als im Sommer 1839 Klage gegen Friedrich Wieck wegen Verweigerung der Heiratserlaubnis einzureichen. Dieser jedoch denkt nicht daran, klein beizugeben, sondern versucht, Schumann in aller Öffentlichkeit als untauglichen Musikdilletanten hinzustellen, er bezweifelt seine Fähigkeit, Clara überhaupt ernähren zu können, und die wohl infamste Verleumdung ist seine Behauptung, Schumann sei der Trunksucht verfallen. Während Robert in dieser Zeit der Anschuldigungen und Intrigen immer gereizter und nervöser wird, befindet sich Clara in einem seelischen Zwiespalt.

Einerseits leidet sie mit ihrem Verlobten, aber andererseits ist sie überzeugt, daß ihr Vater nur aus Liebe zu ihr so rücksichtslos handelt, sie fühlt sich ihm zu großem Dank verpflichtet und ist ihm in kindlicher Abhängkeit verbunden.

Trotz allem sind die beiden Künstler unermüdlich tätig. Clara versucht, selbständig ihren Weg zu gehen. Im kleinen Kreise spielt sie Schumanns Werke, alleine organisiert sie unzählige Konzertreisen, und zudem ist sie als Komponistin tätig. Auch Schumann ist fleißig und bestrebt, dem verbitterten Wieck zu beweisen, daß er ein würdiger Schwiegersohn ist. Zahlreiche Stücke für das Klavier entstehen, darunter auch die bekannten »Kinderszenen«. Auch wenn seine »Neue Zeitschrift für Musik« in Wien an der Zensur scheitert - Wieck hatte es unter anderem zur Bedingung gemacht, daß Schumann auch außerhalb Leipzigs erfolgreich sein müsse - so hat er sich doch als Musikkritiker einen Namen gemacht. Und trotz der schweren privaten Belastungen komponiert Robert in dieser Zeit viele Instrumentalwerke und einen Großteil seiner Liedkompositionen. Die Ernennung zum Ehrendoktor der Universität Jena bedeutet für ihn endlich eine Würdigung seiner Verdienste.

Wieck kann er jedoch nicht überzeugen. Der eifersüchige Vater, der seine Clara und ihre virtuosen Fähigkeiten wohl als eine Art Besitz versteht, setzt sein skandalöses Verhalten fort. Er läßt Gerichtstermine verstreichen oder sucht nach Zeugen, die zuungunsten Schumanns aussagen. Am 1. August 1840 erteilt das Gericht jedoch endlich die Heiratsbewilligung, und die Braut gibt am 5. September ihr letztes Konzert unter dem Namen Clara Wieck. Eine Woche später, also einen Tag vor ihrem 21. Geburtstag, vermählen sich die beiden.

Robert Schumann hat unter diesen Auseinandersetzungen, unter den Verleumdungen und Angriffen unsagbar gelitten.

Nervenkrisen und Depressionen werden immer häufiger. Tatsächlich ist über den Gemütszustand des jungen Komponisten in der neueren Literatur fast mehr geschrieben worden als über sein musikalisches Werk. Das Schicksal des so begabten Paares gäbe zweifellos genügend Stoff für die seit der »Gartenlaube« beliebten Trivialromane. Im Unterschied zu diesen Liebesgeschichten, in denen der Held schließlich und endlich seine Angebetete nach vielen Schwierigkeiten in die Arme schließt und das Happy-End, sprich die Verehelichung, den Leser zufrieden das Buch beiseite legen läßt, bricht für Clara und Robert Schumann nicht die Zeit des ewigen Glücks an.

Obwohl die privaten Probleme nun überwunden zu sein scheinen - 1841 kommt ihre erste Tochter Marie zur Welt - wird Roberts Gemütszustand mit der Zeit immer kritischer. Selbstzweifel werden stärker, da das Publikum an seinen Kompositionen keinen rechten Gefallen finden will, während Clara auf ihren Konzertreisen große Erfolge feiert. Schumann fühlt sich nicht wohl in der Rolle des Ehemanns der berühmten Pianistin. Er stürzt sich in die Arbeit, begleitet Clara auf ihren Tourneen, schreibt Musikkritiken und setzt eifrig sein kompositorisches Werk fort. Die Zeit der Lieder schließt er ab und widmet sich der Arbeit an symphonischen Werken, darunter die bekannte »Frühlingssymphonie«. Im Jahre 1842 werden allerdings die Folgen der Überanstrengung Schumanns immer deutlicher. Er erleidet eine »Nervenschwäche« und ist zur völligen Ruhe gezwungen. Im Schatten seiner berühmten Frau und im Glauben, seine Leistungen würden nur im Bekanntenkreis anerkannt, verschlechtert sich Roberts Gemütszustand zunehmend.

Daran ändert sich auch nichts durch die Geburt der zweiten Tochter Elise oder durch die erfolgreiche Aufführung seines weltlichen Oratoriums »Das Paradies und die Peri« -

zumindest reicht ihm der alte Wieck nun endlich gnädig die Hand zur Versöhnung. Da ein längerer Aufenthalt in Dresden dann doch eine Verbesserung des Zustand bewirkt, zieht die Familie nach Dresden, wo bald die dritte Tochter geboren wird. Es tritt aber keine innere Ruhe ein. Schumann fühlt sich im konservativen Dresden isoliert, die Erfolge bleiben aus, und auch Clara, die kurz nach der Geburt der kleinen Julie bereits wieder feststellt, daß sie schwanger ist, fühlt sich von Zeit zu Zeit unwohl. Als junge Clara Wieck feierte sie überall Triumphe, wurde als süßes Wunderkind und Muse verhätschelt und gelobt, nun jedoch, als Clara Schumann, stand man ihr neuerdings auch schon einmal kritischer gegenüber. Bei einem Konzert im Januar 1848 in Wien, in der Stadt, in der sie als Kind so großen Anklang gefunden hatte, konnte nur die Mitwirkung der »schwedischen Nachtigall« Jenny Lind Claras Konzert zu einem Erfolg führen. Das einstündige Spiel der Pianistin wurde sogar fast ignoriert: Ein Rezensent schrieb in der »Allgemeinen Theaterzeitung«: »Man sah und hörte nur die Lind. Sonst ist über dieses Concert nichts zu berichten...«

Wieder ist Clara in einem Zwiespalt; wie damals, während der Auseinandersetzungen mit ihrem Vater, sind ihre Gefühle ambivalent. Ihre Schwangerschaften und Mutterpflichten hindern sie daran, große Konzerttourneen zu planen, und sie ist sich bewußt, daß der überreizte Robert Schumann ihre zärtliche Nähe braucht, um nicht in völlige Melancholie zu versinken. Andererseits ist sie talentiert, ehrgeizig und braucht die öffentlichen Auftritte, wie sie es von jeher gewohnt ist, aber das Leben mit dem kranken Mann, den sie pflegt und tröstet, läßt dies eben nur noch eingeschränkt zu, obwohl die immer größer werdende Familie - 1846 wird der erste Sohn Emil geboren - oftmals auf die Einkünfte, die Clara mit ihren Konzerten erzielt, angewiesen ist.

Bis zu Roberts Lebensende hält Clara diese Wechselbäder von schöpferischem Wohlbefinden und depressiven Zusammenbrüchen tapfer aus. Und bald sollten wieder dunkle Schatten auf die Schumanns fallen. Als im Juli 1847 der kleine Sohn Emil stirbt und kurz darauf der von beiden verehrte enge Freund Felix Mendelssohn einem Schlaganfall erliegt, muß Clara sich große Sorgen um ihren Mann machen.

Es ist die Zeit, als Schumann seine romantische Oper »Genoveva« vollendet und sich seiner Komposition »Manfred«, der Musik zu dem dramatischen Gedicht Byrons, widmet. Aber es ist auch die Zeit der Revolutionen, die, wie sollte es anders sein, von Paris ausgehen und bald auf nahezu alle europäischen Staaten übergreifen. Die Franzosen beseitigen das Bürgerkönigtum und rufen die Republik aus. Aufstände in Wien führen zum Sturz Metternichs, zu Unruhen kommt es auch in Ungarn, Polen und in der Schweiz.

Auch in Deutschland gärt es längst. Man hatte die demokratischen Ideen von Frankreich übernommen und fordert unter anderem Presse- und Glaubensfreiheit, die Aufhebung der Standesunterschiede, Staatsschulen und vieles mehr. Die Fürsten der vielen Kleinstaaten Deutschlands verlassen schleunigst das Land, und aus Berlin hört man von blutigen Barrikadenkämpfen. Als es ein Jahr später zu den Dresdener Maiaufständen kommt, verlassen die Schumanns, ganz im Gegensatz zu Richard Wagner, der sich mit aller Kraft für den Kampf einsetzt und dafür später ins Exil gehen muß, vorübergehend die Stadt. Doch als sie zurückkommen, fühlen sie sich noch unwohler als vorher, insbesondere da die Uraufführung von Schumanns Oper »Genoveva« nur ein mäßiger Erfolg ist, während Liszts Werke zum Beispiel Triumphe feiern.

Im Herbst 1850 verläßt die Familie mit ihren mittlerweile fünf Kindern Sachsen und siedelt nach Düsseldorf über, wo Schumann die Stellung des Städtischen Musikdirektors annimmt. Hier am Rhein wird die Familie sehr freundlich aufgenommen. Robert Schumann widmet sich mit einem unheimlich anmutenden Eifer seiner Arbeit. Er kommt nicht nur seinen Verpflichtungen als Leiter des städtischen Konzertwesens nach, sondern beendet sein Cellokonzert und einige Vokal-Kompositionen. Außerdem entsteht seine dritte Symphonie. Die Mentalität der Menschen seiner neuen Umgebung, ihre typische Beschwingtheit und Heiterkeit fließen gleichsam in dieses wunderschöne Werk mit ein. So wird es bald die »Rheinische Symphonie« genannt. Die anregende Lebensfreude und die Fröhlichkeit, die man den Rheinländern nachsagt, muß besonders für Clara, die regelrecht nach Geselligkeit hungert, mehr als angenehm gewesen sein.

Obwohl sie sich gerne und schnell in Düsseldorf einlebt, meint Clara auch eine Kehrseite dieser unbeschwerten Lebensart wahrzunehmen. Kritisch notiert sie in ihrem Tagebuch: »Besonders fällt einem das heitere, ungezwungene Wesen der Damen auf, was wohl freilich auch zuweilen die Grenzen der Weiblichkeit und des Anstandes überschreiten mag«. Angesichts dieser, uns heute eher amüsierenden Verwunderung kann man leicht erahnen, um wieviel schwieriger es bald für den labilen, introvertierten Robert wurde, mit der Lebensweise der Menschen in seinem Wirkungskreis umzugehen. Nach dem erfolgreichen Auftakt der Konzertsaison beginnt sich sein Verhältnis zu den Rheinländern zu verschlechtern. Allzu heiter, ohne Ernst und Tiefe, ja grob im Umgangston empfindet er ihren Charakter. Umgekehrt reagiert das Düsseldorfer Publikum immer stärker mit

Ablehnung. Als kühl und unfroh betrachten sie nun diesen humorlosen Dirigenten, der in seinem kompromißlosen Anspruch alle anderen Musiker vor den Kopf stößt, der nicht bereit ist, auf den freundlichen Ton der Menschen einzugehen. Dies führt bald zu Spannungen und Mißverständissen zwischen Robert Schumann, den Orchestermitgliedern und Chorsängern. Als Folge steigert sich Schumann in die vielleicht schon paranoid zu nennende Vorstellung, er sei das Opfer einer intriganten Verschwörung. Sein psychischer Zustand verschlechtert sich zunehmend. Nervöse Anfälle, Schwindel und Schlafstörungen quälen ihn.

Clara, die in dieser Zeit das nunmehr siebte Kind bekommt, wird durch die Pflege ihres kranken Mannes und durch ihre Mutterpflichten immer mehr dazu gezwungen, ihre Begabung statt auf Konzerten daheim als Klavierlehrerin einzusetzen. In den folgenden Jahren wird aus der Liebesgeschichte eine verzehrende Leidensgeschichte. Ein ständiges Auf und Ab, tiefe Depressionen lösen kurze, erfolgversprechende Höhepunkte in ihrem Leben ab. Schumanns schöpferische Kraft läßt immer mehr nach.

Im Jahre 1853 taucht plötzlich der zwanzigjährige Johannes Brahms in Düsseldorf auf. Er sollte ebenso wie der begnadete Geiger Joseph Joachim zu einem engen Vertrauten der Schumanns werden. Der sensible Brahms fällt durch seine noch kindlichen, fast mädchenhaften Züge auf. Er ist ähnlich verschlossen und komponiert so romantisch wie der junge Robert Schumann. Der sympathische, verträumte Jüngling war auf Empfehlung Joachims mit einer Mappe voller Kompositionen zu dem verehrten Meister Schumann gepilgert. Und tatsächlich ist dieser sofort von dem »Genius« begeistert. Für ihn ist Johannes »der wahre Apostel der Musik«, ein Komponist, dem die Zukunft gehört. Für viele Wochen geht Brahms im Schumannschen

Hause ein und aus; seine Musik, seine Vorträge und seine Gesellschaft sind für Clara und Robert Genuß, Erholung und Inspiration. Als Virtuosin sollte Clara seine Werke, ebenso wie die Kompositionen ihres Mannes auf unzähligen Konzerten berühmt machen.

Im Februar 1854 bricht Schumanns Psychose jedoch vollständig aus. Nächtliche Halluzinationen und Gehörstörungen können von den Ärzten nicht mehr behandelt werden. Eines Nachts schleicht sich Robert in Schlafrock und Filzpantoffeln unbemerkt davon und stürzt sich in den Rhein. Man kann ihn jedoch retten und heimbringen. Nach diesem Suizidversuch wird Robert Schumann einige Tage später auf eigenen Wunsch in die Nervenheilanstalt Endenich bei Bonn eingeliefert. Clara darf ihren Mann nicht begleiten - sie wird ihn nur noch einmal sehen können: zwei Tage vor seinem Tod.

In dieser dramatischen Situation ist es für die wieder einmal schwangere Pianistin eine unschätzbar große Unterstützung, daß Brahms aus Hannover nach Düsseldorf anreist und dort für anderthalb Jahre bleibt. Über die Beziehung zwischen dem enthusiastischen Komponisten und der vierzehn Jahre älteren Clara ist sehr viel spekuliert worden. Brahms empfand sicherlich nicht nur Bewunderung für die berühmteste Pianistin jener Zeit, sondern fühlte sich auch von der attraktiven Frau angezogen. Verbunden durch gegenseitige Verehrung, durch die Musik, aber auch durch die Sorge um Robert Schumann erwächst aus dieser herzlichen Freundschaft während der folgenden Monate eine sehr innige Beziehung. Böse Zungen behaupten, daß Robert Schumanns letzter Sohn - in Erinnerung an Mendelssohn wird der Knabe Felix genannt - gar der Sohn von Johannes Brahms sei. Er habe den gleichen verträumten Gesichtsausdruck und die gleichen blonden Locken wie der junge

Brahms. Wie dem auch sei, es sollte nicht als das größte Rätsel der Musikgeschichte betrachtet werden.

Neben der Sorge um ihren Mann muß Clara Schumann nun aber ganz auf sich allein gestellt für den Lebensunterhalt der großen Familie aufkommen. Sie nimmt ihre Konzerttätigkeit wieder auf und ist damit überaus erfolgreich, obwohl der Druck, der auf ihr lastet, manchmal unerträglich ist. Die Ärzte können ihr keine Hoffnung auf eine Genesung Roberts machen. Am 23. Juli 1856, kurz nach der Rückkehr von einer Reise nach England, erreicht sie ein unheilvolles Telegramm aus Bonn. Voller Schmerz um ihren Mann reist sie in Begleitung Brahms' nach Endenich. Sie beide wissen zu der Zeit, daß der immer schwächer werdende Kranke bald ausgelitten haben würde. Noch einmal erkennt er seine Clara und seinen liebsten Freund Brahms, der ihm in den letzten Monaten als einziger zur Seite sein durfte. Dann stirbt Robert Schumann am Nachmittag des 29. Juli 1856.

Nur zwei Tage später findet die Beerdigung auf dem Alten Bonner Friedhof statt. Während Joachim und Brahms dem Sarg voranschreiten, zieht sich Clara in die kleine Kapelle auf dem Kirchhof zurück und hört der Trauermusik zu. Sie weiß, daß sie nun als Witwe ein neues Leben beginnen muß.

Es wird ein Leben, das ihr aber auch erstmals die Möglichkeit eröffnet, frei und selbständig zu entscheiden. Selbstverwirklichung und Selbstfindung waren ihr als Begriffe sicherlich ebenso wenig vertraut wie Emanzipation und Unabhängigkeit. Und doch entwickelte sich die nunmehr 36jährige Frau aus eigener Kraft zu einer starken und durchsetzungfähigen Persönlichkeit, die als Virtuosin in Österreich, Belgien, England, Rußland und Frankreich gefeiert wurde wie kaum ein anderer Künstler. Lange genug war sie gehorsam gewesen, hatte sich dem Vater ebenso wie ihrem Mann gegenüber selbstlos gezeigt, war vom Kind zur Künstlerin gemacht und dann von der Künstlerin zur Hausfrau »umgeformt« worden. Nun nahm sie entschlossen ihr Leben selbst in die Hand.

Bis heute gilt Clara Schumann, deren Portrait den Einhundert-Mark-Schein des ausgehenden 20. Jahrhunderts schmückt, als eine hervorragende Interpretin der Werke Beethovens, Chopins, Schumanns und Brahms'. Von 1878 bis 1892 unterrichtete sie die Meisterklasse am Hochschen Konservatorium in Frankfurt, sie erhielt zahlreiche Auszeichnungen für ihre Kompositionen und wurde Ehrenmitglied der Royal Academy of Music. Am 12. März 1891 gab sie ihr letztes Konzert. Fünf Jahre später starb Clara Schumann nach zwei Schlaganfällen und wurde in Bonn an der Seite ihres Mannes beigesetzt.

Auf dem wunderschönen, romantischen Alten Friedhof an der Bornheimer Straße, der ursprünglich im 18. Jahrhundert als Soldaten- und Fremdenfriedhof angelegt worden ist, haben nicht nur Clara und Robert Schumann ihre letzte Ruhe gefunden. In ihrer Nähe liegen Ernst Moritz Arndt, August Wilhelm von Schlegel, Ludwig Tieck, Beethovens Mutter, Friedrich von Schillers Frau Charlotte und der Sohn Ernst sowie viele weitere große Persönlichkeiten. Eine Hinweistafel am Eingang macht auf sie alle aufmerksam und erklärt, wie man ihre Gräber findet.

Kultursponsoring an der Wupper

August Freiherr von der Heydt (1851-1929) und Eduard Freiherr von der Heydt (1882-1964)

Wuppertal ist vielen als Stadt mit der einzigartigen Schwebebahn und als eine Art Bindeglied zwischen dem Rheinland und Westfalen bekannt. Hier, im Bergischen Land, stand aber auch die Wiege zahlreicher großer Persönlichkeiten.

Friedrich Engels (1820-1895), Sohn einer Barmer Fabrikantenfamilie und Mitbegründer des wissenschaftlichen Sozialismus, wurde hier geboren. Der Dirigent Hans Knappertsbusch (1888-1965), der Maler Hans von Marées (1834-1887) und die Dichterin Else Lasker-Schüler (1869-1945) stammen aus dieser Stadt, die übrigens erst 1929 durch den Zusammenschluß der Städte Barmen und Elberfeld mit Beyenburg, Ronsdorf, Cronenberg, Vohwinkel gegründet wurde. Und gäbe es eine Ahnengalerie der großen Köpfe Wuppertals, fänden wir dort auch den Unternehmer Friedrich Bayer (1825-1880) und seinen Erben und Nachfolger Carl Duisberg (1861-1935), einen Chemiker und Industriellen, der 1925 den umstrittenen Zusammenschluß der chemischen Industrie in Deutschland durchsetzte. Sein Name steht aber nicht nur hinter den Farbenfabriken der I.G. Farbenindustrie. Bekannt wurde er in erster Linie durch seine engagierte Förderung junger Nachwuchswissenschaftler. Abschließend sei der große Chirurg Ferdinand Sauerbruch (1875-1951) erwähnt, dessen Autobiographie »Das war mein Leben« zu den meistgelesenen Biographien in Deutschland gehört.

Wenn man, ausgehend von den Grabstätten großer Persönlichkeiten, deren Lebensgeschichte erzählen will, stößt man allerdings auf Schwierigkeiten, denn die meisten der genannten sind aus unterschiedlichen Gründen nicht in Wuppertal geblieben. Anders hingegen die Bankier-Familie Von der Heydt, die über Generationen nicht nur politisch und wirtschaftlich die Geschicke der Stadt maßgeblich beeinflußte, sondern auf dem Gebiet der Kultur durch ein unvergleichbares Mäzenatentum sich weltweit einen Namen gemacht hat.

An der Hochstraße 13 in Wuppertal-Elberfeld befindet sich der Evangelisch-reformierte Friedhof, auf dem die Von der Heydts ein ebenso imposantes wie schlichtes Erbbegräbnis haben. Man findet es, wenn man das klassizistische Eingangstor durchschreitet, gleich halblinks, nur wenige Meter vom Friedhofstor entfernt.

Hier fanden sie also ihre letzte Ruhe: Hier liegt der preußische Handelsminister und spätere Finanzminister August von der Heydt (1801-1874). Sein enges, loyales Verhältnis zum preußischen Königshaus war gepaart mit wirtschaftlichem Liberalismus, und sein Engagement für die Entwicklung eines staatlichen Eisenbahnnetzes zeichnete ihn ebenso aus wie seine vielen Auseinandersetzungen mit Bismarck, der 1862 Ministerpräsident und Außenminister geworden war.

Und hier wurde auch sein Bruder Daniel von der Heydt (1802-1874) bestattet. Weltweit bekannt wurde er in erster Linie durch das sogenannte Elberfelder System. 1852/53 hatte er eine »Neue Armenordnung für die Gemeinde Elberfeld« entworfen - eine Art öffentlicher Armenpflege, die auf einer individuellen und ehrenamtlichen Betreuung der Bedürftigen und sozial Schwachen basiert.

Diese Ideen entstanden zu einer Zeit, als sich die noch eigenständigen Städte Barmen und Elberfeld zum größten industriellen Siedlungsgebiet Westdeutschlands entwickelten. Die zu Wohlstand gekommenen Bürger pflegten einen ausgeprägten Kunstsinn. Es galt als chic und gehörte für das gebildete Bürgertum des 19. Jahrhunderts zu den besonderen Möglichkeiten, einen persönlichen Charakter und Stil zu entwickeln. Und es wurde darüber hinaus als öffentliche Aufgabe empfunden, Kunst zu fördern. Allen voran ging hier der Bankier August von der Heydt - benannt wie sein Vater und sein bereits erwähnter Großvater -, er gehörte zu den bekanntesten Kunstsammlern seiner Zeit.

Geboren wurde er als Sohn des Mitinhabers des Bankhauses Von der Heydt, Kersten & Söhne im Elberfelder Stammhaus am Kerstenplatz. Auf den Privatunterricht folgte die Schulzeit am humanistischen Gymnasium, und ein einjähriger Aufenthalt in Genf diente dem praktischen Sprachstudium. Seine Lehre absolvierte er bei einer Berliner Bank, und seit 1874 war er im väterlichen Bankhaus tätig - vier Jahre später dann als Teilhaber.

Ein Zugang zur Kunst soll ihm schon als Knabe durch einen Freund vermittelt worden sein. So hatte August zusammen mit einigen Vettern und Altersgenossen einen Freundschaftsbund mit Namen »Symphonia« gegründet. Zu dieser kulturell interessierten Gruppe gehörte auch der gebürtige Schweizer Friedrich von Schennis, der nicht nur ein begabter junger Pianist und späterer Schüler von Franz Liszt war, sondern auch bereits in jungen Jahren ein großes Talent als Maler bewies. Diese Freundschaft sowie die Tatsache, daß Schennis Jahre später in Italien eine Sammlung antiker Kunst zusammenstellte, war wohl für August von der Heydt von großem Einfluß. Bevor er jedoch selber begann, sich für die Kunst einzusetzen, widmete er sich als

Stadtverordneter auf verschiedene Weise seiner Heimatstadt. Er war Vorsitzender des Elberfelder Verschönerungsvereins, stiftete unzählige Denkmäler, die leider zum großen Teil im Krieg zerstört wurden, und schenkte der Stadt seinen Waldbesitz. Zudem förderte er die Errichtung des Stadttheaters und des Zoologischen Gartens. Und wie sollte die Stadt einem so noblen Bürger anders danken als ihn im Jahre 1910 als Ehrenbürger auszuzeichnen?

Verläßt man nunmehr das Gebiet der Ehrungen, Verdienste und Titel, so erfährt man von einem Mann, der sehr vielseitig interessiert war und der zusammen mit seiner Frau Selma, geborene Haarhaus, bald einen künstlerisch-kulturellen Mittelpunkt in Elberfeld bildete. Sie bewohnten mit ihren beiden Söhnen Eduard und (natürlich wieder) August ein Stadthaus aus dem 18. Jahrhundert, ein wunderbares Haus, das stets offen war für neue Kunstwerke, Künstler, Freunde und Bekannte, die die immer größer werdenden Sammlungen bewundern wollten. Auch der Dichter Rainer Maria Rilke war ein enger Freund der Familie, weilte oftmals bei ihnen und soll dort aus seinen Werken vorgetragen haben.

August von der Heydts Interessen strebten mehr und mehr der bildenden und darstellenden Kunst zu. Zunächst sammelte er zumeist alte Niederländer, mittelalterliche Plastik, auch kostbare Stoffe, Kupferstiche und römische Kunstwerke. Bald aber, zur Zeit der Jahrhundertwende, wandte er sich der zeitgenössischen Kunst zu. Er war einer der ersten, die die Bedeutung der »neuen« Kunst begriffen und schätzten. Seine Sammlungen moderner deutscher, französischer und Schweizer Bilder waren bald einzigartig.

Aber das Besondere war wohl nicht nur seine Sammelleidenschaft, nicht das, was man heute als Wert- oder Kapitalanlage bezeichnet, sondern sein Wirken als Mäzen. Seine

Vorliebe, unbekannte oder nur wenig bekannte Künstler zu fördern, den persönlichen Kontakt mit ihnen zu pflegen, machte für ihn den Reiz des Sammelns aus. Von seinen vielen Reisen, insbesondere nach Paris, brachte er stets neue Werke mit. Eine ungewohnte, doch eindrucksvoll schöne Atmosphäre muß in den Räumen dieses Hauses geherrscht haben. Mittelalterliche Skulpturen standen auf Jugendstil-Vitrinen, Bilder von Matisse oder Gauguin vertrugen sich mit antiken Kleinplastiken. Keine sterile Kunsthalle, sondern ein seltener Ort, an dem Großzügigkeit und Originalität zu Hause waren.

Aber wie sollten diese Schätze einer breiten Öffentlichkeit zugänglich gemacht werden? Bereits 1892 hatte der Elberfelder Museumsverein relativ erfolglos um Spenden für ein Museum gebeten. Drei Jahre später schaltete sich der Baron von der Heydt ein und mietete eine Etage in der Schwanenstraße 33 - dort, wo heute die Museumsverwaltung ist. Hier sollten von nun an Ausstellungen stattfinden. Mit ihm als Vorsitzenden des Museumsvereins kam ein bemerkenswerter Prozeß in Gang. Schenkungen, Stiftungen, Spendengelder und Dauerleihgaben anderer Kunstliebhaber gingen fortan in den Besitz des Vereins über und bildeten so den Grundstock für ein Museum. Endlich konnte 1902 im klassizistischen alten Rathaus in Elberfeld ein Städtisches Museum eingerichtet werden. Das Bauwerk des Schinkel-Zeitgenossen Johann Peter Cremer war in diesen Jahren ein wirklich vielseitiges Gebäude, denn es bildete eine seltene Verbindung von Kunst und Kommerz, da das Erdgeschoß für verhältnismäßig profane Zwecke genutzt wurde: Nur wenige Museen dieser Welt hatten wohl einen Eingang, der von einem Juwelier und einem Miederwarengeschäft flankiert wurde. Heute gibt es dort ein wunderschönes, von dem französischen Künstler Daniel Buren gestaltetes Café und einen Museumsshop, aber das Gebäude beherbergt auch immer noch einen Schuhladen, ein Radio- und ein Lederwarengeschäft.

Darüber mag man sich wundern, aber viel erstaunlicher ist die Tatsache, wie außerordentlich schnell eine der brillantesten Sammlungen zeitgenössischer Kunst hier ausgestellt werden konnte. Das Engagement August von der Heydts färbte auf viele wohlhabende Bürger ab, und nicht selten wurden bei feierlichen Anlässen Bilder gestiftet. Allen voran jedoch der Baron selbst: Er brachte Werke von Hodler, Braque, Modersohn-Becker, van Gogh, Franz Marc, August Macke, Kandinsky, ebenso Bilder der deutschen Expressionisten Nolde, Kokoschka, Pechstein, Heckel, Kirchner, Schmidt-Rottluff und Grosz. Auch die meisten seiner französischen Impressionisten, wie Courbet oder Cézanne, gingen in den Besitz des Museums über. Bereits 1913 wurde ein Erweiterungsbau eröffnet.

Erwähnt werden soll in diesem Zusammenhang das Schicksal des Bildes »Akrobat und junger Harlekin« von Picasso. August von der Heydt hatte dieses Werk 1911 von dem erst 30jährigen Künstler erworben und es dem Museum gestiftet. Damit war es das erste deutsche Museum, das ein Bild von Pablo Picasso ausstellte. Es wurde jedoch 1937 von den Nationalsozialisten beschlagnahmt, dann in Luzern versteigert und schließlich 1988 für umgerechnet 66,6 Millionen Mark nach Japan verkauft. Immerhin blieb dem Museum das bereits 1908 gemalte Picasso-Bild »Harlekin-Familie«.

Die historischen Ereignisse seit 1914 griffen nicht nur verheerend in das Schicksal des Museums, sondern auch in das der Familie Von der Heydt ein. Während mit dem Ersten Weltkrieg die Entwicklung und der Ausbau der Sammlung fast gänzlich unterbrochen wurde, verlor die

Elberfelder Familie den größten Teil ihres Vermögens durch die Inflation und lebte ab 1920 sehr zurückgezogen in Bad Godesberg. Hier starb der »Baron«, wie er überall genannt wurde, im Jahre 1929. Seine Witwe übereignete nach seinem Tod dem Museum 15 weitere Bilder aus der Privatsammlung.

Leider begann jedoch nun die Zeit der nationalsozialistischen Kulturpolitik. Jüdische, nichtdeutschstämmige, antinationalistische, pazifistische oder »sittlich destruktive« Künstler wurden geächtet, die Spielpläne der deutschen Bühnen »korrigiert«, und es erschienen Listen »schädlichen und unerwünschten Schrifttums«. Auch in Wuppertal war es bereits am 1. April 1933 zu einer Bücherverbrennung gekommen. Sogenannte »undeutsche« Bücher flogen auf einen lodernden Scheiterhaufen. So wie Feuchtwanger und Remarque in Flammen aufgingen, so war nun auch die Idee eines modernen Kunstmuseums vernichtet.

Viele der wertvollen Schenkungen der Familie wurden vorsorglich rückgängig gemacht und im Privathaus der Von der Heydts am Kerstenplatz versteckt. Sie verbrannten zu einem großen Teil zusammen mit dem Haus bei dem Luftangriff im Juni 1943. Die Arbeit vieler Jahre wurde in wenigen Stunden vernichtet. Auch das Museum selbst hatte trotz aller Bemühungen große Verluste zu beklagen. Insgesamt wurden 141 Werke von den Nazis beschlagnahmt, als entartet erklärt und abtransportiert - Werke von Chagall, Dix, Kokoschka, Kandinsky, Macke, Pechstein, um nur einige Namen zu nennen.

Der stets latente Widerstand gegen moderne Kunst hatte sich unter der Diktatur Hitlers zum propagandistischen Bildersturm entwickelt. Die »Zeichen eines zersetzenden Kulturbolschewismus« wurden verfemt und verschwanden aus Deutschland - zum Teil wurden sie gegen Devisen im

Ausland verschleudert. Die sogenannte Schandausstellung »Entartete Kunst« in München bildete 1937 einen traurigen Höhepunkt dieser rassistischen Kulturpolitik. Leider war die Rückführung der Kunstwerke nach dem Krieg mehr als lückenhaft und wirft bis heute Fragen und Probleme auf. Darüber hinaus wurden unzählige Skulpturen, Bilder und Plastiken gestohlen oder durch Bomben zerstört, wie zum Beispiel die Elberfelder Porzellan- und Keramiksammlung.

Die gesamte wertvolle Sammlung des August von der Heydt bestand nach dem Krieg nur noch aus 20 Bildern. Aber es sollte ein Neubeginn sein. Der damalige Museumsleiter Viktor Dirksen schreibt in einem der wenigen Aufsätze zu der Familie: »Es ist ein schöner und tröstlicher Gedanke, daß der Sohn, Baron Eduard von der Heydt, der Tradition seiner Eltern treu und selber ein Sammler von hohen Graden, diese 20 Bilder dem Städtischen Museum seiner Heimatstadt geschenkt hat.«

Eduard Freiherr von der Heydt war wie sein Vater im Stammhaus am Kerstenplatz aufgewachsen. Aber im Gegensatz zu August von der Heydt zog es ihn immer in die Ferne. Er studierte in Genf, machte seine Banklehre in Dresden, promovierte in Freiburg und war dann ein Jahr lang an einer New Yorker Bank tätig. Schließlich ließ er sich in London nieder und gründete dort im Alter von 27 Jahren und mit Unterstützung der Elberfelder Stammfirma das Bankhaus E. v. d. Heydt & Co. In Englands Hauptstadt, so seine Biographin Marie-Luise Baum, war er bald heimisch und führte ein geselliges Leben. Er war Mitglied in englischen Clubs und deutschen Vereinen und spielte im Bankleben eine bedeutende Rolle.

Im Ersten Weltkrieg jedoch fiel Eduards Vermögen an England, und er zog als Rittmeister in den Krieg, 1915 wurde er aber bereits als Legationsrat nach Den Haag berufen. Er lernte die Niederlande lieben, gründete 1920 eine Bank in Amsterdam und beteiligte sich auch an verschiedenen Bankunternehmen in Deutschland und Holland. Gleichzeitig wurde er Berater Wilhelms II. in dessen Doorner Exil.

Mit seiner Frau Vera von Schwabach lebte Eduard von der Heydt in einem wunderschönen Haus in Zandvoort. Ebenso wie das Haus seiner Eltern in Elberfeld war es mit erlesenem Geschmack eingerichtet worden. Wertvolle Kunstgegenstände und Antiquitäten, feine Teppiche und schöne Leuchter schmückten die Wohnung, die stets offen war für Freunde, Verwandte, Künstler und Kunstinteressierte. Großzügigkeit, Geschmack und Kunstverständnis waren ihm sozusagen mit in die Wiege gelegt worden. Und ebenso wie seine Eltern August und Selma von der Heydt war es für ihn selbstverständlich, junge Künstler zu unterstützen, ihre Werke einem Publikum zugänglich zu machen und wertvolle Sammlungen aufzubauen. Viele Kunstwerke überließ er noch zu Lebzeiten dem städtischen Museum Wuppertals, das ab 1961 »Von der Heydt-Museum« genannt werden sollte. Das Haus bekam so Werke unter anderem von Delacroix, Daumier, Manet, Degas, Toulouse-Lautrec, Munch, Modersohn-Becker, Jawlensky, Chagall, Picasso oder Moholy-Nagy.

Wie sein Vater erkannte er fast instinktiv die Qualität eines Kunstwerkes und die Bedeutung eines jungen Künstlers, dem viele noch verständnislos und kopfschüttelnd begegneten. Es war damals wie heute das Schicksal der jeweils neuen Kunst, in breiten Bevölkerungsschichten unbeliebt zu sein.

Nicht nur moderne europäische, sondern auch afrikanische und fernöstliche Kunst faszinierten den Mäzen. Und gerne erzählte er die Geschichte, wie er bei einem Amsterdamer

Antiquitätenladen einen Buddha-Kopf entdeckt hatte. Da der Händler diesen jedoch nur komplett mit einer ganzen Sammlung aus dem Nachlaß eines reichen Italieners verkaufen wollte, griff Eduard von der Heydt kurzerhand zu und erwarb eine prachtvolle große Sammlung indischer Kunst, die im Keller seines Hauses ausgestellt wurde. Das war im Jahre 1924 der Beginn seiner zweiten Sammelleidenschaft. Diese Kunstwerke und Zeugen vergangener indischer, chinesischer und afrikanischer Kulturen sind übrigens 1941 dem Schweizer Rietberg-Museum übereignet worden. Es besitzt damit eine der bedeutendsten Spezialsammlungen der Welt.

Aber wie kam der Baron in die Schweiz? Marie-Luise Baum berichtet von einem amüsanten Ereignis, das allerdings wohl nur einem sehr wohlhabenen Mann widerfahren kann. Im Jahre 1926 gelangte er auf der Durchreise nach Ascona und hörte dort vom Monte Verità, einem Berg, auf dem sich nach dem Ersten Weltkrieg Künstler, Naturverbundene und Möchtegern-Philosophen niedergelassen hatten. Es sollte dort eine Bewegung der geistigen Erneuerung beginnen. Aber auch Idealisten geht leider das nötige Geld aus, so verfielen die Hütten, und der »Wahrheitsberg« verwahrloste. Eines Tages bekam Von der Heydt das Angebot, den Monte Verità für 320.000 Schweizer Franken zu kaufen. Er war aber nicht nur Mäzen, nicht nur sensibler, feinsinniger Kunstkenner, sondern auch Bankier und kalkulierender Geschäftsmann. Er nahm das Angebot an, verhandelte und bekam für 160.000 (!) Schweizer Franken ein wunderschönes Waldgut mit sämtlichen Anlagen und Gebäuden. Das dortige Hotel wurde aufwendig renoviert und ausgebaut. Und ein neues Hotel ließ er von dem Düsseldorfer Architekten Fahrenkamp und dem Schweizer Roelli erbauen. Selbst der verwöhnteste Gast muß inmitten von Palmen und exotischen Pflanzen, mit Blick auf den Lago Maggiore verzückt gewesen sein. Gleichzeitig wurde dieser schöne, prachtvolle Besitz zu einem Zentrum kultureller Begegnung. In dem großen Saal des Hauses fanden Konzerte, Tanzvorführungen und Vorträge statt. Zudem hatte der Besitzer veranlaßt, daß ein Großteil seiner Kunstschätze ins Tessin gebracht werden sollte. Auch viele Leihgaben, die er Museen in Europa und Amerika überlassen hatte, wurden nun unter mancherlei Schwierigkeiten nach Ascona gebracht.

In der Nacht vom 2. auf den 3. April 1964 aber starb Baron Dr. Eduard Freiherr von der Heydt. Die Trauerfeier fand in der Protestantischen Kirche in Ascona statt, und die Leiche wurde in Lugano eingeäschert. Seine letzte Ruhestätte fand er im Erbbegräbnis der Familie auf dem Reformierten Friedhof in Wuppertal-Elberfeld.

Ein Großteil der Gemäldesammlung seines Nachlasses, vor allem französische Impressionisten und deutsche Expressionisten, wurden dem heute 7.000 qm großen Von der Heydt-Museum übereignet. Und mit einer Kapitalstiftung ermöglichte er es über seinen Tod hinaus, bedeutende Kunstwerke zu erwerben.

Daß eine Familie über Generationen in so großzügiger Weise und mit bemerkenswertem Spürsinn für die Wegbereiter kommender Kunstepochen ein Museum unterstützt, ist wahrscheinlich einzigartig in der deutschen Museumsgeschichte unseres Jahrhunderts. Nicht nur die Sammlerfortüne, sondern auch die soziale Verantwortung, die sowohl der Vater als auch der Sohn zeigten, waren das große Glück des Museums.

Kulturförderung hat es zu allen Zeiten gegeben - der Begriff Mäzenatentum leitet sich bekanntlich von Maecenas ab, dem Berater Kaiser Augustus' und Förderer der Schriftsteller Vergil und Horaz. Mäzen zu sein, war über viele Jahrhunderte Aufgabe der gekrönten Häupter, die Künstler an ihre Höfe holten und sich damit auf indirekte Weise selber ewigen Ruhm zu sichern suchten. Und ähnlich ist es auch heute, wenn Unternehmen gelegentlich »Kultursponsoring« betreiben, um ihr Image zu pflegen. Kunstförderung ist eben üblicherweise mit einer großen Portion Eigennutz und möglichst viel Medienrummel verbunden. Eine »gute Tat« soll schließlich auch gewinnbringend vermarktet werden. Demgegenüber ist das Mäzenatentum der Familie Von der Heydt fast selbstlos zu nennen. Der Gedanke, ein Medium zwischen Künstler und Gesellschaft zu sein, das lebenslange Engagement für die schönen Künste sowie der persönliche Einsatz insbesondere für noch unbekannte Künstler sind stets die leitenden Motive dieser großen Wuppertaler gewesen.

In einem Menschen stecken viele Möglichkeiten

Erwin Sylvanus (1917-1985)

Auf dem kleinen Friedhof in Völlinghausen am Möhnesee, idyllisch am Kuckucksweg gelegen, fand am 2. Dezember 1985 die Beerdigung des sauerländischen Dichters Erwin Sylvanus statt. Natürlich war es ein düsterer, kühler Morgen - so wie man es bei einer Trauerfeier erwartet. Aber abgesehen vom Wetter hatte Sylvanus diesen Tag eigentlich selber gestaltet. So durften nur zehn ausgewählte Leute dem Sarg folgen, darunter sein Nachbar Arthur Dell, seine Schwester, die Putzfrau und der Dichter Friedel Thiekötter. Den Verleger Siegfried Unseld hatte Sylvanus ebenfalls »eingeladen«, erschienen war aber dessen Sekretärin, die den Kranz des Suhrkamp Verlages neben den des PEN-Clubs legte.

Während der 1994 verstorbene Regisseur, Dichter und Schauspieler Hans Dieter Schwarze - der ebenfalls seine eigene Beerdigung, fast mag man sagen, inszeniert hatte - in einem sehr feierlichen Rahmen mit vielen Freunden, Familienangehörigen und Kollegen, mit Reden und Musik im niederbayerischen Untergünzkofen zu Grabe getragen wurde, war die Bestattung des 68jährigen Sylvanus im Sauerland von »theatralischer Schlichtheit«, wie einer seiner Freunde sagte. Nur Pater Paul, der etwas unkonventionell lebensnahe Geistliche von Völlinghausen, eine Art Don Camillo des Sauerlandes und Freund des Verstorbenen, sprach ein Gebet. Es fand keine anschließende Feier, kein Leichenschmaus statt. Und der einzige Schmuck des Grabes ist bis heute die schlichte braune Marmor-Grabplatte mit den

Geburts- und Todesdaten. Das eingemeißelte Kreuz war gegen den Willen Sylvanus' hinzugefügt worden.

Nur wenige hundert Meter vom Friedhof entfernt findet man, direkt am Arnsberger Wald gelegen, das Haus, das Sylvanus 1954 gebaut hatte. Daß er das riesige Grundstück mit dazukaufte, lag nicht nur an dem äußerst niedrigen Grundstückspreis von 48 Pfennig pro Quadratmeter. Er wollte abgeschieden, möglichst isoliert leben. Zwar hat er große Teile des Geländes später verkauft, aber sein »Höhlenbewußtsein« blieb. Besucher, Sauerland-Touristen oder vorbeikommende Wanderer näherten sich oft neugierig dem völlig zugewachsenen Gebäude. Allein 50 Fichten und 18 Kirschbäume standen bei dem Haus, ein Laubengang säumte den Weg zum Eingang. Es war nicht leicht, zu Sylvanus vorzudringen - allerdings nicht nur wegen der wuchernden Pflanzen...

Geboren am 3.10.1917 im westfälischen Soest, wuchs er dort als Sohn eines Versicherungsagenten auf. (In allen Literaturgeschichten und in der Sekundärliteratur heißt es im übrigen etwas blumiger »väterlicherseits aus einem schlesischen Gelehrten- und Theologengeschlecht« - diese Formulierung geht vermutlich auf Sylvanus zurück). Seine Mutter stammte aus dem Ruhrgebiet und war Hausfrau. Nach dem Abitur am Archigymnasium in Soest meldete er sich freiwillig zum Arbeitsdienst. Sylvanus wurde allerdings niemals Soldat, vielleicht, weil er wegen eines schweren Lungenleidens aus dem Arbeitsdienst entlassen wurde. Mit dieser Krankheit mußte Sylvanus leben, und das war für seine Mitmenschen, je älter er wurde, nicht immer leicht - aber davon später.

Noch während des Zweiten Weltkrieges erschienen die ersten dichterischen Versuche des Erwin Sylvanus. »Der ewige Krieg« (Erzählung, 1942, geschrieben 1939) »Die

Muschel« (Gedichtsammlung, 1947) und »Der Paradiesfahrer« (Roman, 1949, geschrieben 1940). Diese Werke sind mehr oder minder in Vergessenheit geraten, oder sollte man besser sagen, zu Recht in der Versenkung verschwunden? Ein interessantes Exemplar des »Paradiesfahrers« findet man in der Universitätsbibliothek Münster. Ein Soester Studienrat hat den ganzen Roman mit Bleistift praktisch kommentiert und lektoriert. Die Notizen weisen auf zahlreiche Wiederholungen, Ausdrucksfehler und schiefe Metaphern hin. Eingeklebt, fast wirkt es schadenfroh, ist eine kleine Zeitungsnotiz, die darauf hinweist, daß der Ladenpreis des »Paradiesfahrer«, 180 Seiten, Halbleinen, von DM 6,80 auf DM 1,10 herabgesetzt wurde. Tatsächlich kann man über die literarische Qualität dieser frühen Werke kaum streiten: »Groß und ruhig träumt die Welt / wahr sind alle Sterne. / Vor der Erde wacht des Monds / silberne Laterne.« Einfach, plastisch, von übertreibender Metaphorik und daher fast etwas naiv kommen die Gedichte daher. Manche muten ein wenig an wie die Verse für Kinderlieder.

Doch nicht die Schlichtheit sollte man bei Sylvanus kritisieren. Vielmehr stößt man sich an der Tatsache, daß besonders in seiner frühen Prosa deutliche Anklänge an die sogenannte völkisch-nationale Literatur zu finden sind. Da wird das Bäuerliche verherrlicht, die Stärke des mutigen deutschen Mannes gepriesen, die Häuslichkeit und Fruchtbarkeit der Frau gelobt, die (sauerländische) Heimat idealisiert. Im »Ewigen Krieg« heißt es zum Beispiel am Schluß:

> Das Land strebt zur Vollkommenheit, es speichert seine Kräfte auf für den großen Tag, der da bald kommen wird, den großen Tag, da der Held von Norden naht und unter den Völkern der Erde aufrichtet das Reich des Blutes, das Reich des ewigen Friedens.

»Geschrieben im Juni 1939« lesen wir unter der Erzählung. Im diesem Jahr hatten die Nationalsozialisten mit der ästhetischen Formierung der Massen längst eigenes freies Denken und Schreiben unterdrückt. Unzählige Künstler und Intellektuelle hatten Deutschland bereits verlassen oder trugen sich mit dem Gedanken, ins Exil zu gehen; Schriftstellerorganisationen wurden »gesäubert« und von den Braunhemden neu besetzt. Diese desolate Lage, die Gleichschaltung der Künste, unterstützte die Verbreitung der Propagandakunst. Es entstand der Schein eines literarischen Lebens, und so kam unter anderem die Stunde der »volksnahen« Autoren. Die verschiedenen Spielarten der völkisch-nationalen Kunst, sei es Blut-und-Boden-Dichtung, die Literatur der Provinz- und Heimatkunst oder Kriegs- und Freikorpsromane, sie waren durch Antimodernismus, Antisemitismus und durch die Verherrlichung der »germanischen Rasse« gekennzeichnet. Bemerkenswert ist allerdings, daß die meisten der Werke, die zwischen 1933 und 1945 die Buchhandlungen und Bücherschränke füllten, bereits in der Weimarer Republik geschrieben worden sind und nun wegen ihrer »Brauchbarkeit« unter den Nationalsozialisten in den Rang einer Staatsliteratur erhoben wurden.

Autoren wie Sylvanus hatten nur deshalb eine Chance auf Veröffentlichung in Deutschland, weil sie diese Tradition imitierten oder zumindest aufgriffen. Ob aus Überzeugung, aus Ignoranz oder aus Opportunismus, läßt sich heute nicht mehr entscheiden und beurteilen. Tatsache ist, daß viele Künstler und Intellektuelle für einige Jahre taub und blind waren und der erwarteten, von den Nationalsozialisten als vorbildlich anerkannten Denkrichtung entsprachen. Dabei ist nicht jeder so direkt gewesen wie der Philosoph Martin Heidegger, der im November 1933 vor seinen Studenten verkündete: »Der Führer selbst und allein ist die heutige und künftige deutsche Wirklichkeit und ihr Gesetz«. Der konservative Einzelgänger Ernst Jünger hatte mit seinen frühen Werken, mit seinem »heroischen Realismus« ganz nach dem Geschmack der Nationalsozialisten geschrieben. Aus aristokratischem Snobismus, nicht aus echter Opposition hat er sich später von den Nationalsozialisten abgewandt. Auch einer der bedeutendsten deutschen Autoren Gottfried Benn, sympathisierte vorübergehend mit den braunen Machthabern.

»In einem Menschen stecken viele Möglichkeiten.« Diesen ebenso einfachen wie weisen Satz soll Tilly Wedekind einmal im Zusammenhang mit den kurzzeitigen braunen Verirrungen ihres Geliebten Gottfried Benn gesagt haben. Die neuere Literaturforschung geht im übrigen mit dem Begriff der »Inneren Emigration«, mit dem sich viele Autoren nach 1945 gerne schmückten oder rechtfertigten, sehr kritisch um.

Zur Situation dieser Schriftsteller-Generation befragt, erklärt der Literaturkritiker Jürgen P. Wallmann, daß der Drang zu publizieren auch während der Nazi-Zeit enorm groß gewesen sei. Überraschend viele Autoren, die heutzutage überaus anerkannt sind, haben damals Werke veröffentlicht, vor denen es einem heute graut. Die spektakulären Fälle wurden publik, aber, so Wallmann weiter, »wenn man nichts weiß, so hat man wohl noch nichts gefunden«. Doch ähnlich wie bei den Autoren, die in der DDR veröffentlichten, dürfe man nicht vorschnell verurteilen, sondern müsse die Hintergründe berücksichtigen.

Die Umstände, das Leben und die politische Situation änderten sich nach 1945. Ein ganz anderer Erwin Sylvanus trat wieder ans Licht der Öffentlichkeit. Mit dem 1953 uraufgeführten »Soester Friedensspiel« begann seine schriftstellerische Arbeit als Dramatiker und eine überraschend radikale Kehrtwendung zu einem modernen, kritischen Autor. Dieses Stück erinnert an den schweren Bombenangriff auf Soest, der am 5. Dezember große Teile der Stadt zerstört hatte. Interessant ist über den regionalen Bezug hinaus die Darstellung des Krieges als zeitloses menschliches Problem. Ein Kind beobachtet in den Szenenfolgen verständnislos Neid, Streit und Haß. Die wenigen Schauspieler schlüpfen in die Rollen von Kain und Abel, Maria und Joseph, oder sie verkörpern die unbelehrbaren Männer, die für ihr Land und die vermeintliche Ehre in den Tod gehen.

Der Verzicht auf Requisiten und Kostüme sowie auf eine klassische Szenenfolge und die Intention, das Böse als Schicksal der Menschheit darzustellen, erinnern teilweise an Thornton Wilders 1942 uraufgeführtes Drama »Wir sind noch einmal davongekommen« (The skin of our teeth). Sylvanus kann jedoch nicht an den allegorischen Charakter des amerikanischen Werkes heranreichen. Zu einseitig ist er auf der Ebene der Bibel geblieben, zu sehr hat er auf die Betroffenheit des Publikums abgezielt, wenn er zum Beispiel in seinem Stück »Großer Gott, wir loben Dich!« anstimmen läßt und dabei die Soester Glocken erklingen sollen. »Das Soester Friedensspiel« ist in seiner Bedeutung nicht über die Grenzen des Sauerlandes hinaus bekannt geworden, aber es war der Beginn seiner Laufbahn als Dramatiker und Fernsehspielautor.

Zu dieser Zeit zog Erwin Sylvanus nach Völlinghausen in das Haus mit dem riesigen Grundstück. Der Nachbar und Freund Arthur Dell erinnert sich noch heute lebhaft an jene Jahre: Die schönen schwedischen Möbel hatte es zu Anfang noch nicht gegeben - zunächst standen nur Apfelsinenkisten herum, und Sylvanus verdiente als Lokalreporter bei der »Westfalenpost« sein Geld. Bald aber änderte sich die

Szenerie am Arnsberger Wald. Fernsehteams kamen ins Sauerland, der Suhrkamp-Verleger Siegfried Unseld fuhr mit einem imposanten »Ami-Schlitten« vor, und Autoren wie Max von der Grün, Josef Reding, Hans Dieter Schwarze oder Peter Handke kamen zu Besuch. Da Sylvanus jedoch ein miserabler Gastgeber war, schickte er alle Gäste ins Nachbarhaus, um sie dort zu beherbergen oder von Frau Dell beköstigen zu lassen. Er selber lebte zeitweise von uralten Konserven, deren bereits gewölbte Deckel er schlichtweg ignorierte.

Sylvanus, dessen Name im übrigen kein Künstlername ist, muß zeitweise ein widersprüchlicher und schwieriger Mensch gewesen sein. Zum einen war er extrem sparsam, zum anderen warf er das Geld mit vollen Händen hinaus und machte spontan riesige Geschenke. Er lebte fast wie ein Einsiedler in seinem Haus, trat bis zu seinem Tode keinem Verein bei und ignorierte die Honoratioren der Stadt Soest. Zudem lief er im Sommer sonnenhungrig nur in Badehose im Ort herum, und wenn der Winter kam, klapperten seine Holzschuhe auf den Wegen. Daß er am Möhnesee als »Spinner« betrachtet wurde, störte ihn wenig, und daß sein zugewachsenes Haus zu wildesten Spekulationen Anlaß gab, war ihm wohl ebenso gleichgültig.

Zwar kann jeder Mensch launisch und egozentrisch sein, aber manchen verzeiht man es eher, und manche sind so faszinierend, daß man es fast von ihnen erwartet - Künstler zum Beispiel. Erwin Sylvanus wurde ein erfolgreicher Autor. Sein 1957 unter der Regie von Hans Dieter Schwarze uraufgeführtes Stück »Korczak und die Kinder« erlangte Weltruhm. Das Drama um die nazistischen Methoden der Massenvernichtung gehört mit seinen über 120 Inszenierungen und Übersetzungen in 15 Sprachen zu den meistgespielten deutschen Nachkriegsdramen. Es dokumentiert das

Schicksal von 66 Waisenkindern und ihrem Betreuer Dr. Janusz Korczak, der im Warschauer Ghetto um Brot und Medikamente für seine Schützlinge bettelt. Auf Befehl der SS begleitet der polnische Arzt die nichtsahnenden Kinder ins KZ, und obwohl ihm seine eigene Sicherheit garantiert worden ist, geht er schließlich mit ihnen in die Gaskammer. Sylvanus hat für sein Stück den historischen Fall Korczak, über dessen Leben und Einsatz für die Kinder er ein Jahr zuvor gelesen hatte, literarisch umgesetzt. Korczak ist das Pseudonym für Dr. Henryk Goldszmidt, einen bekannten polnischen Neurologen, der sein Leben dem von ihm begründeten jüdischen Waisenhaus widmete und dessen Todesmarsch auch nach Sylvanus' Stück noch in vielen Gedichten und Legenden bewundert wurde.

Bemerkenswert an diesem Drama ist insbesondere seine Dramaturgie: Das Ensemble besteht aus einer Schauspielerin und zwei Schauspielern sowie einem Kind und einem Sprecher. Auf Bühnenbilder und Requisiten wird weitgehend verzichtet. Lediglich zwei Stühle und ein Baukasten werden benötigt. Das Geschehen läuft ohne Pause in 20 Szenen ab und ist eine verfremdete Erzählung in Form einer antiillusionistischen Theaterprobe. Durch diesen dramaturgischen Kniff gelingt es, die Distanz zwischen Darsteller und Rollengestalt und zwischen dem Dargestellten und der Wirklichkeit zu wahren. Die Figur des Sprechers, seit Brecht eines des wichtigsten dramaturgischen Mittel zur Verfremdung, unterbricht das Geschehen, kommentiert und verbindet Bühne und Publikum. Zudem leitet der Sprecher die dargestellte Theaterprobe, besetzt jeweils die Rollen und definiert, rein verbal, die Räume und die Zeit auf der leeren Bühne.

Während Dr. Korczak ein individuelles Schicksal darstellt, ist die Figur des deutschen Offiziers, der den Transport ins

Vernichtungslager befiehlt, allgemein und anonym gehalten. Sein Name, seine Uniform und sein Rang seien unwichtig, erklärt der Sprecher und weist ihm so seine Rolle als Stellvertreter für all die ausführenden Organe eines totalitären Regimes zu. Der Konflikt zwischen soldatischem Gehorsam und persönlicher Gewissensentscheidung flackert immer wieder auf, ein Problem und Thema, das nicht nur von Sylvanus literarisch umgesetzt worden ist. »Des Teufels General« von Zuckmayer, Heinar Kipphardts »Der Hund des Generals« oder Hans Breinlingers Stück »Gekados« sind nur einige Beispiele.

Toleranz, Verantwortlichkeit und Mitschuld sind die Themen, die Erwin Sylvanus auch in seinen späteren Dramen immer wieder variierte. So wird 1959 unter der Regie von Heinz Hilpert am Deutschen Theater Göttingen das Stück »Zwei Worte töten« uraufgeführt. Im Rahmen eines Prozesses gegen einen schwarzen Soldaten der kanadischen Truppen werden Rassenfrage und Menschlichkeit thematisiert. 1973 erscheint »Sanssouci« auf den Bühnen, ein Drama, in dem die Pseudonyme Tucholskys zu Bühnenfiguren werden. »Jan Pallach« (1972) handelt von dem tschechischen Studenten, der sich nach dem Einmarsch der Russen 1969 selbst verbrennt, »Victor Jara« (1977) von dem von der chilenischen Militärjunta ermordeten Freiheitssänger.

Obwohl keines dieser Werke an den Erfolg von »Korczak« anknüpfen kann, verbindet sie das Bestreben, eine moderne Dramaturgie im Brechtschen Sinne einzusetzen. Sylvanus verfremdet, fordert Distanz zum Bühnengeschehen, verzichtet auf Requisiten, vermeidet die gewohnte Bühnenillusion. Damit, so heißt es in Wilperts Lexikon der Weltliteratur zu »Korczak«, gelingt es ihm, das »Requiem ins Zeitlose zu erheben«.

Bei der Beschäftigung mit dem Leben und dem Werk Erwin Sylvanus' drängt sich unweigerlich die Frage auf: Wie kann ein Schriftsteller, dessen Blut- und Bodendichtung demagogisch und linientreu war, später derart engagiert und sozialkritisch schreiben? Mußte Sylvanus vielleicht homosexueller Neigungen wegen gegenüber den Nazis ganz besonders angepaßt auftreten, um nicht Repressalien ausgesetzt zu sein? All dies muß Spekulation bleiben. In einer Selbstdarstellung von 1958 sagt Sylvanus: »Als das Dritte Reich kam, machte ich als Hitler-Junge zunächst mit - Fahrten, Zeltlager, Heimabende. Frühe schriftstellerische Versuche waren beeinflußt von den Schreibenden, die man uns damals als Dichter pries.« Seine braune Vergangenheit wurde, wie bei vielen seiner Zeitgenossen, mehr und mehr vergessen - in der Literaturgeschichte und -kritik erfährt man heute nichts davon.

Ist es naiv anzunehmen, daß Sylvanus gelernt hat und daß er mit seiner Arbeit, mit seinem Nachkriegswerk eine Art Wiedergutmachung anstrebte? Sein christlich geprägter Humanismus (»Soester Friedensspiel«) entwickelte sich zu einem politischen Engagement für eine Vermenschlichung gesellschaftlicher Zustände. Nicht abstrakt, sondern immer konkreter wurden seine Stücke, Plädoyers für Verantwortung und Widerstand. Diese Wandlung, der literarische Neuanfang mag dokumentiert und gewürdigt sein durch die Verleihung des Leo-Baeck-Preises des Zentralrats der Juden in Deutschland sowie durch die Aufnahme in den PEN-Club.

Seit 1955 war Sylvanus auch Mitglied der westfälischen Schriftstellervereinigung »Die Kogge«, die sich Mitte der 50er Jahre neu definieren mußte und die Spannung zwischen Konservativem und Progressivem als Gruppe erlebte. In der

Tat spiegelt das, was auf dem Dichtertreffen im sauerländischen Schmallenberg 1956 stattfand, die uneindeutige Situation vieler deutscher Autoren wider. Man hatte sich mit der Vergangenheit auseinanderzusetzen, konnte nicht ignorieren, daß sich eine tiefe Kluft auftat, die zwar nicht erklärt werden sollte, aber überwunden werden mußte. Unter den Autoren trafen die ehemals Linientreuen, die das Bodenständige, das Volkstum hochhielten, mit den jungen Autoren, die moderne Formen und ein europäisches Niveau suchten, zusammen. Die (westfälischen) Dichter trugen einen brisanten Generationskonflikt aus, wie der Literaturwissenschaftler und Westfalenkenner Walter Gödden dokumentiert.

Und eben diese Art von Konflikt muß auf persönlicher Ebene auch Erwin Sylvanus mit sich ausgemacht haben. Er versuchte das Regionale abzustreifen und gab sich europäisch. Er war nun viel unterwegs: Zu Studien, zu Aufführungen seiner Stücke oder zu Fernsehaufnahmen reiste er nach Skandinavien, in die Tschechoslowakei oder weilte in der Sowjetunion. Er hatte Wohnsitze in St. Gallen und in der Nähe von London (Kent) sowie seit 1978 ein idyllisches Häuschen auf der griechischen Insel Ägina.

Sein »verwunschenes« Domizil in Völlinghausen gab es natürlich auch noch. Mittlerweile war angebaut worden, und doch wurde es manchmal eng, denn Sylvanus konnte nichts wegwerfen. So stapelten sich in allen Räumen unzählige Berge von Zeitungen und abonnierten Zeitschriften, Manuskripte für Rundfunk, Fernsehen und Bühne, Bücher, Plakate, Tonbänder und Kassetten sowie Tausende von Briefen. Eines Tages bemerkten Besucher, daß ein großer Raum des Hauses verschlossen war. Dieses Zimmer, das zum ursprünglichen Teil des Hauses gehörte, ist im übrigen wegen seiner Innenarchitektur bemerkenswert. Der westfälische

Philosoph, Tischler und Universalkünstler Hugo Kükelhaus (1900-1984), dessen Verdienst zum Beispiel auch das Domgestühl in Münster ist, hatte das Mobiliar für Sylvanus angefertigt. Und da es nun also zu diesem Raum plötzlich keinen Schlüssel mehr gab, betrat 10 Jahre lang niemand mehr das geheimnisvolle Zimmer. Man spekulierte und rätselte und gab dem Raum bald den ahnungsvollen Namen »Skelettzimmer«. Erst nach dem Tode des Autors wurde die Tür aufgebrochen, und tatsächlich soll unter all dem gestapelten Schrifttum ein Knochen gefunden worden sein. Daß dieser aber nicht von einer menschlichen Leiche stammte, sondern der Überrest einer Mahlzeit des Katers namens Adenauer war, wurde dann doch recht bald erkannt.

Sylvanus, der sein Leben lang gekränkelt und Freunden oftmals seinen nahenden Tod angekündigt hatte, wurde nun tatsächlich im Oktober 1985 schwerkrank ins Soester Krankenhaus gebracht. Dort starb er sechs Wochen später am 27. November 1985. Der etwas chaotische, aber überaus produktive Autor hat ein umfangreiches Werk hinterlassen: Hörspiele, Dramen, Romane, Erzählungen, Fernsehspiele, Libretti bis hin zu einer Monographie aus dem Jahre 1959 über den damals noch recht unbekannten Maler und Graphiker Emil Schumacher. Bis heute ist der Nachlaß, der in den Besitz der Stadt- und Landesbibliothek Dortmund übergegangen ist, kaum übersehbar, geschweige denn erschlossen.

Wenn, um Tilly Wedekind zu wiederholen, in einem Menschen viele Möglichkeiten stecken, so hat Erwin Sylvanus' Lebensweg dies beispielhaft vorgeführt. Es war ein langer Weg von der nationalsozialistischen Musterliteratur und schlechten Prosa- und Lyrikversuchen bis hin zu innovativen Formen und sozialkritischen Dramen, ein Weg vom Mitläufer und Mitmacher zum aktiven Humanisten.

Die Tragödie um den rheinischen Michelangelo

Alfred Rethel (1816-1859)

Kaum eine deutsche Stadt genießt einen so großen Ruf als Zentrum der avantgardistischen Kunst wie Düsseldorf. Von hier gehen seit jeher neue Impulse für Kunst und Design aus, hier lehrte, »rumorte« und revolutionierte Joseph Beuys, um nur den berühmtesten der zahlreichen namhaften Künstler zu nennen. Hier findet man Galerien und Museen, wie zum Beispiel das Kunstmuseum, das Goethe-Museum oder die Kunstsammlung Nordrhein-Westfalen. Auch die Kunstakademie ist mehr als bemerkenswert. Hier, so erklärt der Düsseldorfer Kunsthistoriker Heinrich Theissing, müßte ein zweiter Teil der »Blechtrommel« verfilmt werden, denn Oskar Matzerath besuchte wie sein Schöpfer Günther Grass, der bei Otto Pankok studierte, jene Stätte, deren zweihundert Jahre alte Tradition vorzüglicher Kunstlehre und Kunstpolitik den heutigen Ruf der Stadt fundiert.

Daß Kunst ein ständiger Kampf mit sich selbst, aber insbesondere gegen die Gesellschaft und deren Institutionen ist, weiß man nicht nur in der Landeshauptstadt, wo Heinrich Heine, Robert Schumann oder Peter Cornelius zumindest zeitweise wirkten und kämpften. Auch Beuys, der Mann mit dem Hut, dieser vermeintliche Ungeist, erfuhr ständigen Widerstand - bis hin zur fristlosen Kündigung durch den damaligen Wissenschaftsminister Rau.

Von einem Kampf, umgreifender und viel tragischer, war auch das Leben des Malers Alfred Rethel geprägt. Früh verstorben und ohne Skandale, die durch Funk und Fernsehen verbreitet werden konnten, ist er fast in Vergessenheit geraten, und so mag es angebracht sein, seine Geschichte an seinem Grab zu beginnen.

»Es lag ein unendlicher Gottesfrieden auf dem eingefallenen, edeln, schönen Antlitz ausgebreitet«, schrieb Otto Rethel nach der Bestattung seines Bruders. Auf dem Alten Golzheimer Friedhof in Düsseldorf wurde am 1. Dezember 1859 Alfred Rethel, einer der bedeutendsten deutschen Historienmaler, bestattet. Ein Künstler, der sich zeit seines Lebens mit dem Thema Tod beschäftigt hat, war nun selbst friedlich verstorben. Aber der Besucher seines Grabes wird erkennen, daß der Maler einen würdigen Platz auf dieser parkähnlichen, denkmalgeschützten Friedhofsanlage mit den wunderbaren historischen Grabmälern gefunden hat. Sein kurzes Leben war von Schicksalsschlägen, Intrigen und Krankheiten geprägt und verlief tragischer als ein Melodram aus Hollywood.

Auf Hof Diepenbend, einem einsamen Anwesen bei Aachen, wurde Alfred Rethel am 15. Mai 1816 geboren. Sein Vater, früher kaiserlich-napoleonischer Beamter, betrieb auf dem Gut eine kleine chemische Fabrik, die eines Tages jedoch durch einen Wirbelsturm zerstört wurde. Die Familie war nun verarmt. Der Knabe aber zeigte schon sehr früh ein beachtliches zeichnerisches Talent, das glücklicherweise durch das Elternhaus und durch den Zeichenlehrer J.B.J. Bastiné gefördert wurde. Inspirieren ließ sich das »Wunderkind« von fliegenden Blättern und Bildern, die die Schlachten der Griechen und Trojaner oder dramatische Wagenkämpfe zeigten. Aber auch alltägliche Straßenszenen fanden in seinen sehr frühen Zeichnungen Ausdruck.

Und so kam es, daß der begabte Junge bereits mit dreizehn Jahren auf die Malerschule nach Düsseldorf geschickt wurde. Hier hatte sich gerade mit dem Wechsel der Leitung von Peter Cornelius zu Friedrich Wilhelm von Schadow, dem Sohn des berühmten Bildhauers Johann Gottfried Schadow, aus einer Zeichenschule eine Malerakademie entwickelt. Die Herrschaft der Linie sollte abgelöst werden durch den Gebrauch von Farbe. Staffeleien standen wieder in den Räumen der Schule. Aber es herrschte der Geist der katholischen Romantik, als der junge Rethel Schüler des Nazareners Wilhelm von Schadow wurde. Dieser Malerbund, der sich die Wiederbelebung der altdeutschen und italienischen Malerei zum Ziele gesetzt hatte und seine Themen aus den Motivkreisen der Bibel, vornehmlich des Alten Testaments, nahm, prägte den Charakter der deutschen Kunst im 19. Jahrhundert maßgeblich mit. Mit dem ihm eigenen Sarkasmus beschrieb bereits Goethe die Schwäche dieses ethisch-ästhetischen Stils: »Eine Ahnung des Sittlich-Höchsten will sich durch Kunst ausdrücken, und man bedenkt nicht, daß nur das Sinnlich-Höchste das Element ist, worin sich jenes verkörpern kann.«

Aber hier am Rhein führte man immer noch das fort, was sich 1810 die sogenannten Lukasbrüder in dem ehemaligen Kloster San'Isidoro in Rom vorgenommen hatten: eine Erneuerung der deutschen Bildkunst nach dem Vorbild spätmittelalterlicher Kunstübung. Bereits ein Jahr später überzeugte der Düsseldorfer Maler Peter Cornelius den Malerbund davon, daß die Wiederbelebung der Fresken-Malerei unvermeidbar sei, um den monumentalen Stil vergangener Epochen nachzuempfinden. Und so entstanden zum Beispiel die bekannten, überaus beeindruckenden Fresken des Casino Massimo in Rom.

Rethel, der mit 13 Jahren noch ganz Kind war und kaum eine Allgemeinbildung genossen haben konnte, wuchs nun also in einer Umgebung auf, die herzlich wenig an der Individualität des Künstlers interessiert war. Es mischten sich sozusagen Romantik, Katholizismus, Klassizismus und eine Spur Berliner Realismus zu dem immer noch sehr gefühlsbetonten typischen Düsseldorfer Akademiestil. Das, was viele heute als sentimental, gar als kitschig betrachten, galt zumindest um 1830 als schick, künstlerisch wertvoll und zeitgemäß. Thematisch maßgeblich war für viele das Wort des Malers und Illustrators Ludwig Richter, der feststellte, daß wahre künstlerische Begeisterung sich nur um die Angelpunkte Religion und Vaterland bewegen könnte. Daß diese Kunstauffassung insbesondere nach den Erfahrungen des 20. Jahrhunderts heute sehr kritisch betrachtet wird, mag auch ein Grund sein, daß die Malerei jener Zeit für viele fast in Verruf geraten ist.

Und selbstverständlich war der Junge zunächst ein formbares Produkt seines Lehrers. So entstanden unter dem Einfluß Schadows, ganz im Stile der Nazarener, Ölgemälde, die Szenen der Bibel, der deutschen Sagenwelt und der römischen Geschichte darstellten. Bereits die Bilder und Zeichnungen des 16jährigen bestechen durch ihre Intensität, durch das technische Können und das räumliche und figürliche Vorstellungsvermögen des Künstlers. »Karl Martell in der Schlacht bei Tours« und die Darstellungen des Heiligen Bonifatius (teils als Zeichnungen, teils als Ölbilder) versetzten die Kritiker in Erstaunen. Sie lobten den Reichtum seiner Phantasie, bewunderten, mit welcher Leidenschaftlichkeit er bildlich erzählte, mit welchem Können er Einzelszenen zu einem Gesamtwerk fügte. Das Wissen des Jungen um Bewegungen von Mensch und Tier war in der Tat frappierend.

Das ernste, introvertierte und mit einem Gehörleiden behinderte Wunderkind war erfolgreich - wenn auch nur als gehorsamer Zögling des recht strengen »Akademiechefs« Wilhelm von Schadow. Rethels Werke fanden schnell Käufer, und er war in der Lage, die Seinen in Aachen finanziell zu unterstützen. Zunächst blieb er also in Düsseldorf und ließ sich in die gutsituierten Kreise des Bürgertums einführen. Fröhliche Rheinfahrten und Reisen nach München, Nürnberg und Innsbruck inspirierten ihn weiter. Bekanntgeworden durch Düsseldorfer Ausstellungen, bekam er bald einen Illustrationsauftrag zum »Rheinischen Sagenkreis« der Adelheid von Stolterfoth. Und ein Jahr später lieferte er drei Zeichnungen für das von Alfred Reumont verfaßte Buch »Rheinlands Sagen, Geschichten und Legenden«. Kritiker halten diese anmutigen Zeichnungen für eher nebensächlich, da sie ihm zu leicht von der Hand gegangen sind und ein vorgegebener Text die Wege dazu wies. Außerdem sind die Illustrationen Rethels nicht das »Endprodukt«, denn die Stecher und Lithographen, die diese Zeichnungen für die Vervielfältigung umsetzten, hinterließen ihren eigenen Duktus.

Vier Jahre lang blieb Rethel am Rhein. Mehr und mehr fühlte er die Schranken, die seine eigene künstlerische Entwicklung hemmten. Er verdankte seinem Lehrer viel, und die Düsseldorfer Gesellschaft achtete ihn hoch, aber er empfand alle Vorgaben und Erwartungen nur noch als Fessel. 1836 entschied er sich zusammen mit dem Düsseldorfer Maler Andreas Achenbach, nach Frankfurt zu gehen.

Hier wurde er am Städelschen Kunstinstitut Schüler des Nazareners Philipp Veit, eines Stiefsohns des Philosophen und Dichters Friedrich von Schlegel. Ganz anders als der vielbeschäftigte und diktatorisch auftretende Schadow war Veit ein Künstler, der mit einer kleinen Gruppe von Studenten arbeitete und mit ihnen fast im antiken Sinne zusammenlebte. Wieder widmete sich der junge Rethel unter dem Einfluß seines Lehrers in erster Linie alttestamentarischen Themen und mehr und mehr der deutschen Geschichte des Mittelalters. Neben »Daniel in der Löwengrube« entstanden auch das Werk »Die Auffindung der Leiche Gustav Adolfs« und die Bildnisse Philipps von Schwaben, Maximilians I., Karls V. und Maximilians II. für den Frankfurter Kaisersaal.

Und eben in dieser Zeit beginnt bereits seine künstlerische und menschliche Auseinandersetzung mit dem Hauptwerk seines Lebens - den Freskomalereien im Kaisersaal zu Aachen. Sie sollten seinen Ruhm begründen und gleichzeitig in fast tragischer Weise Rethels Niedergang einleiten. Zunächst aber ging, um im Sprachgebrauch des Melodrams zu bleiben, im Jahre 1840 der Glücksstern für den jungen Maler auf.

Der neugegründete »Kunstverein für die Rheinlande und Westfalen« schrieb in Zusammenarbeit mit dem Gemeinderat der alten Kaiserstadt Aachen einen Wettbewerb aus. Man suchte einen geeigneten Künstler, der den Auftrag zur Ausschmückung des Krönungssaals des alten Rathauses erhalten sollte. Der erst 24jährige Alfred Rethel gewann diesen Wettbewerb. Seine Aufgabe war es, diesen Saal mit bedeutenden Momenten aus dem Leben Karl des Großen in historischer und symbolischer Bedeutung darzustellen.

Aber Intrigen, Unentschlossenheit und Streit und ein damit verbundenes aufreibendes Warten sollten den Künstler, der ungeduldig auf den Beginn seiner Arbeit wartete, zermürben. Einige Kunsthistoriker spekulieren, daß dieses Hinhalten ein Resultat der plötzlich gewonnenen Erkenntnis der Katholiken war, daß Alfred Rethel als Protestant wohl doch ungeeignet für die Gestaltung dieses Raumes sei. Die Situation quälte und deprimierte Rethel. Sein Mitarbeiter Joseph Kehren schrieb in einem Brief:

> Neigte sich der Abend und sandte die für so viele Menschen erquickenden Sonnenstrahlen in unsere

> Einsamkeit, und es klang eine ferne wehmüthige Musik von der Straße herein, dann erlahmte der geschäftige Pinsel in Rethel's Hand und Thränen entstürzten den Augen, lautes leidenschaftliches Schluchzen tönte durch die großen einsamen Räume, wo er zusammengesunken vor seiner großen Schöpfung saß.

Trotz aller Verzweiflung und vieler damit verbundenen Schaffenskrisen schuf er in jener Zeit sechs grandiose Aquarellzeichnungen. Sie stellen Hannibals Zug über die Alpen dar und gehören mit zu seinen reifsten und überzeugendsten Arbeiten. Inspiriert worden ist er offensichtlich schon Jahre vorher von niemand geringerem als dem Dichter Christian Dietrich Grabbe (1801-1836). Dieser war von dem Leiter der Düsseldorfer Musterbühne Karl Leberecht Immermann (1796-1840) an den Rhein berufen worden und hatte dort mit seinem »Hannibal« neue dramaturgische Wege für das deutsche Drama vorbereitet.

Während Grabbe für ein realistischeres Geschichtsdrama eintrat und mit ironischer Kommentierung und Desillusionierung arbeitete, standen bei Rethels Bildern das Große, das Heroische, das Erhabene im Mittelpunkt - oftmals auch eine Art nationalen Heldentums, das im übrigen ein Jahrhundert später von den »braunen Kunstliebhabern« gerne beispielhaft präsentiert wurde. Gemein ist beiden Künstlern aber der unglückliche Verlauf ihres Lebens - Grabbe, Sohn eines Zuchthausverwalters, wurde als Literat vom großen Goethe völlig ignoriert, geriet in eine traurige Ehe, trank Schnaps aus Wasserkaraffen, verlor seinen Beruf als Advokat wegen Trunksucht und starb mit 34 Jahren als vollkommen Gescheiterter. Er liegt im ostwestfälischen Detmold begraben.

Aber zurück zu Rethel: Er wartete immer noch darauf, mit seinen Arbeiten in Aachen beginnen zu können. Endlose Streitereien über die Gestaltung des Raumes und der konfessionelle Hader dauerten an und verlängerten die Wartezeit, die er als eine Art Martyrium empfand. Insgesamt sollten fast sieben Jahre vergehen und ihm viel von seiner Begeisterung rauben. Er nutzte aber die lange Wartezeit, um nach Rom zu reisen, dort die Frisch- und Feuchtmalerei zu studieren und die kolossalen Trümmer des Altertums auf sich wirken zu lassen. Außerdem erwartete man schließlich nicht erst seit Goethe von einem deutschen Künstler eine kreative Romreise. Auch studierte er die monumentalen Werke und die Farbgebung des von ihm verehrten italienischen Malers und Baumeisters Raffael, dessen Einfluß in seinen späteren Arbeiten deutlich wird. Überliefert ist Rethels lakonischer Ausspruch: »Hier sieht man, daß Kunst etwas Höheres ist als Heringe mit Zwiebel ergreifend wahr zu malen« - ein ironischer Seitenhieb auf die Düsseldorfer Stillebenmalerei. Wie der Renaissancekünstler und Freskenmaler Raffael wollte auch Alfred Rethel monumentale Werke und Formen schaffen, die die menschliche Größe und Würde in ausgewogener und harmonischer Komposition darstellen.

Aber der Streit um die Gestaltung der Aachener Fresken war nach jener Reise immer noch nicht entschieden, und so wandte man sich schließlich an den kunstliebenden König Friedrich Wilhelm IV. von Preußen. Rethel reiste dazu selbst zu einer Audienz nach Berlin. Er überzeugte, und endlich, im Jahre 1847, konnte er mit seinen Vorbereitungen für die Karlsfresken beginnen.

Aber nun sollte er wie schon Michelangelo und später Delacroix und von Marées ganz unmittelbar an der Kunst leiden. Die ungewohnte Freskotechnik, die Rethel das

»allerschwerste Kaliber der Kunst« nannte, kostete Kraft, viel Kraft. Dazu kam, daß die Arbeit auf dem frischen Verputz stets ein Kampf gegen die Zeit war, denn sobald der Putz angetrocknet war, konnten keine Korrekturen mehr vorgenommen werden. Der recht zarte, fast schwächlich konstituierte und stets kränkelnde Künstler schonte sich nicht, wenn er auf dem Gerüst stand und seine Skizzen und Ideen realisierte. Die Faszination, der Eifer und sein Ehrgeiz peitschten ihn regelrecht zur Arbeit, während Stimmungsschwankungen, ungünstige Beleuchtung, schlechte Temperaturen, Unstimmigkeiten unter den Gehilfen sowie das Geschwätz der gaffenden »Touristen« ihn verzweifeln ließen.

Im Jahre 1847 wurde das erste der geplanten acht Bilder fertig - »Kaiser Ottos III. Besuch im Grabe Karls«. Selbst der heutige Betrachter, der sich in diese Arbeit vertieft, wird die Ergriffenheit der Knienden fast nachfühlen: Die Gruft ist geöffnet, Steinquader liegen am Boden, Kaiser Otto III. ist mit seinem Gefolge auf Leitern in das Grab hinabgestiegen, ein wenig Tageslicht dringt von außen ein, und an den Wänden irrt der Schein der roten Fackel. Die mumienhaft starre Gestalt Karl des Großen thront mit verhülltem Antlitz, Zepter und Reichsapfel über einem aufgeschlagenen Buche haltend. Vor dem Majestätischen, Geisterhaften und Unvergänglichen dieser Erscheinung sinken die Besucher erschüttert nieder und falten die Hände zum Gebet. Rethel war es gelungen, die Gestalt des toten Kaisers ins Unwirkliche zu entrücken. Etwas Phantastisches, doch zugleich Ehrfurcht Gebietendes war glaubhaft zu machen. Eine feierliche Ruhe geht von dem Bild aus; Tod und Leben sind fast ineinandergeflossen, wenn Karl der Große wie ein Lebender auf dem Thron sitzt und das hereinfallende Licht die Gruft erhellt.

In seinem nächsten Fresko, »Der Sturz der Irmensäule«, soll die Unterwerfung der Sachsen unter die Herrschaft des Frankenkaisers dargestellt werden. Dominiert wird dieses Bild wieder von der ruhigen Größe des christlichen Herrschers, der auf das am Boden liegende gestürzte Standbild des heidnischen Kultes weist. Um ihn herum Gruppen von Geistlichen und Kriegern sowie erschrockene, unterwürfige Sachsen.

Rethel malte in den Sommermonaten an den Aachener Fresken und verbrachte den Winter in Düsseldorf in der Nähe seiner Mutter und Schwester, um an den nächsten Skizzen und Entwürfen zu arbeiten.

Liest man seine Briefe aus jener Zeit, so spürt man regelrecht die Überreiztheit, die Anspannung und seine Ungeduld, unter der, wie man sich vorstellen kann, die Gehilfen auf dem Freskengerüst nicht unerheblich zu leiden hatten. Die Arbeit, die so sehnsüchtig erwartet und mit wahrem Feuereifer begonnen worden war, wurde immer mehr zu einer Qual. Dieser monumentale Auftrag band die ganze Kraft des resignierenden Künstlers, und oftmals sehnte er sich danach, wieder frei zu sein - insbesondere, da ihn nicht einmal das Resultat seiner Arbeit, die fertigen Fresken, erfreuen konnte.

Zuweilen lebte er auch in Dresden, wo sich ein Kreis ehemaliger Düsseldorfer Maler zusammengefunden hatte. Nur dort fühlte er sich eigentlich noch wohl. Und hier entstand eines seiner größten Werke: der sogenannte »Totentanz«. Der Tod als eine Art »Heldenfänger« taucht auch in vielen anderen seiner Arbeiten als Motiv auf (»Der Tod als Erwürger«, »Der Tod als Diener«, »Der Tod als Freund«). Seinen höchsten Ausdruck fand dieses Motiv jedoch in dem Zyklus »Auch ein Totentanz« aus dem Jahre 1848/49. Was er auf diesen doch kleinen Blättern hervorbrachte, war von einer Monumentalität, die eine räumliche Größe fast vergessen lassen.

Mit dem Titel des Werkes knüpft der Künstler an die mittelalterliche Kunst der Holzschnitte an. Ernste Wahrheiten, der Sinn des Lebens und des Sterbens sollten dem Verständnis des einfachen Bürgers nahegebracht werden. Das bedeutendste Werk der Holzschneidekunst im Mittelalter ist wohl die »Biblia pauperum« mit den ersten Totentanzbildern, die eindringlich die unerbittliche Gewalt des Todes über die gesamte Menschheit darstellen. Bekannt sind auch jene Bilder Holbein des Jüngeren (1497/98-1543), die die Plötzlichkeit des Todes, das unerwartete Eintreten des Todes in den Vordergrund stellen. Wie später Rethel hatte auch er den Tod nicht als mumienhaften Dämon oder Gespenst, sondern als körperhaftes, ganz und gar nicht eingetrocknetes, »lebendiges« Skelett dargestellt. Somit ist das Grauen kaum noch durch den entsetzten Ausdruck der sterbenden Figuren in den Szenen zu steigern.

Es liegt nahe zu vermuten, daß Rethel diese Bilder unter dem frischen Eindruck des blutigen Maiaufstandes in Dresden entworfen hat. Ob es sich allerdings um eine Persiflage auf die Revolution handelt, mag dahingestellt bleiben, denn Rethel war eigentlich kein politischer Kopf. Trotzdem wurde das Werk später politisch genutzt, denn die Verse, die Robert Reinick zu den Bildern schrieb, leiten den Betrachter unwillkürlich in diese Richtung. Rethels Intention war aber wohl eher zeitloser, ungebunden.

Der »Totentanz« hatte im übrigen viele Auflagen erlebt und kostete bei seinem Erscheinen nur 15 Silbergroschen oder als Volksausgabe 5 Silbergroschen. Rethel hatte sozusagen einen buchhändlerischen und persönlichen Erfolg. Doch die Aachener Aufgabe legte sich wieder drückend auf ihn, er arbeitete am dritten Bild, der »Cordovaschlacht«, das als das bedeutendste Schlachtenbild der deutschen Kunst des 19. Jahrhunderts gilt. Auch dieses Bild, bestehend aus 30 Figuren, zeigt Rethels bildbauende, kompositorische Kraft auf ihrer Höhe - eine monumentale Darstellung des Sieges über die Sarazenen. Vielleicht läßt sich an diesem Bild Rethels persönlicher Stil am deutlichsten erkennen. Nach und nach hatte er begonnen, den Einfluß der Nazarener zu überwinden, und er befand sich an der Wende von der romantischen Gedankenmalerei zur realistischeren Geschichtsmalerei. Das Pathos, die sentimentalen Bezüge und das Schematische der Historienmalerei ersetzte er durch kühle Farbgebung und eine strenge, wunderbar durchdachte Komposition.

In diesem Winter 1848/50 lernte Alfred Rethel seine spätere Frau Marie Grahl, die Tochter eines Miniaturmalers und Kupferstechers kennen. Aber, fast hat man es erwartet, diese Liebe stand unter keinem guten Stern. Der Vater des siebzehnjährigen Mädchens war gegen die Verbindung. Der tiefgehende Pessimismus, der Rethels Leben und seine Arbeiten beeinflußte, kommt wieder in seinen Briefen zum Ausdruck. So schrieb er an Marie:

> Mit der größten Mühe erfülle ich meine drückende Pflicht, und es erscheint mir diese Aufgabe, nach der ich wahrhaftig nicht gebuhlt habe, von Jahr zu Jahr immer mehr als eine schwere Last, als Zerstörerin meiner Lebensfreude. Ich leugne nicht mehr, daß tief in meinem Innern längst das bestimmte Verlangen sich eingefunden hat, mich von diesem Druck loszumachen...

Im Frühjahr 1851 begab er sich wieder nach Aachen, um das letzte der eigenhändigen Werke, das vierte Freskenbild zu malen - Karl der Große zieht nach dem Sieg über den

Langobardenkönig Desiderius mit fliegenden Fahnen in das brennende Pavia ein. Im Mittelpunkt dieser Szene steht wieder der Frankenkönig, in seiner Größe und erhabenen Würde auf einem mächtigen Rosse sitzend. Jedes Detail des siegreichen Zuges strahlt Kraft aus - aber Rethels Kraft war nach Vollendung dieses Werkes erloschen. Er übergab seinem Gehilfen Joseph Kehren das Projekt.

Ein wenig befreit versuchte Rethel noch einmal, sich der jungen Marie Grahl zu nähern. Und diesmal hatte er Glück. Nach einigem Hin und Her willigte ihr Vater in eine Vermählung ein. Im Oktober 1851 fand in Dresden die Hochzeit statt. Aber statt einer Hochzeitsreise oder einem »Himmel voller Geigen« erkrankte die junge Frau bereits wenige Tage später an Typhus. Monatelang schwebte sie zwischen Leben und Tod, und Alfred Rethel durchlitt die Hölle. Seine Gestaltungskraft wurde schwächer, und bald mußte er sich selber in ärztliche Behandlung begeben. Verzweifelt versuchte er jedoch in dieser Zeit, Entwürfe für das fünfte Freskenbild »Die Taufe Wittekinds« für Aachen zu machen.

Im Herbst 1852 entschloß das Paar sich, nach Rom zu reisen. Während Marie sich langsam erholte, mußte sie gleichzeitig mitansehen, wie ihr Mann körperlich und geistig immer mehr verfiel. Auch die Geburt einer Tochter konnte den Auflösungsprozeß nicht aufhalten. Der Schwiegervater kam mit einer Amme nach Italien und holte die junge Familie heim. Der Schlußakt dieses traurigen Dramas begann: Rethel wurde zu seiner Mutter und seiner Schwester zur Pflege nach Düsseldorf gebracht. Von dort sollte er nicht mehr zurückkehren. Ein gebrochener, hilfloser Mann, geistesabwesend und phantasierend, vegetierte fernab von seiner Frau und Tochter noch für sechs Jahre dahin, bis er im Alter von 43 Jahren am 1. Dezember 1859 die Augen auf ewig schloß.

Die Karlsfresken blieben ein Torso. Von den geplanten acht Bildern hatte er nur vier selber ausführen können. Die anderen wurden nach Rethels Entwürfen durch seinen Mitarbeiter Joseph Kehren vollendet. Er schuf die Fresken »Taufe Wittekinds«, »Kaiserkrönung in Rom«, »Krönung Ludwig des Frommen« und »Bau des Aachener Münsters«. Nicht nur Alfred Rethels Leben war tragisch, auch posthum sollte ihm nichts erspart bleiben. In den Jahren 1943/44 wurde ausgerechnet sein Teil der Aachener Freskenarbeit durch Fliegerbomben sehr schwer beschädigt. Aber es bleibt zumindest ein schwacher Trost, daß nach der Renovierung und der Wiederherstellung zumindest der endgültige Verlust der Bilder und das wahrscheinlich damit verbundene In-Vergessenheit-Geraten des Künstlers noch einmal abgewendet werden konnte.

Wo und wie man sie findet

Hoffmann von Fallersleben

Der Dichter wurde auf dem Klosterfriedhof neben der Stiftskirche zu Corvey/Höxter beigesetzt. Man findet das Grab, wenn man die Kirche nach dem Betreten durch die rechte Seitentür wieder verläßt. Die Büste des Dichters wurde erst 37 Jahre nach seinem Tod errichtet.

Amalia von Gallitzin

In der Nähe ihres ehemaligen, leider abgebrannten Prachthofes in Angelmodde bei Münster wurde Amalia von Gallitzin beerdigt. Das Grab der Fürstin findet man bei der pittoresken kleinen Dorfkirche St. Agatha an der Hauptstraße. Ein sehr schlichtes, an die Kirchenmauer gelehntes Kruzifix schmückt die Grabstätte.

Karl der Große

Die Gebeine des Kaisers ruhen seit 1215 im Karlsschrein, einem Prunkschrein, der ab Ende 1998, nach der Renovierung, wieder in der Mitte der Chorhalle im Aachener Münster steht. Der römische Sarkophag (Proserpinasarkophag), in dem Karl der Große ursprünglich beigesetzt worden ist, befindet sich in der Domschatzkammer.

Maria Clementine Martin

Die Unternehmerin Maria Clementine Martin wurde auf dem wunderschönen Melaten-Friedhof in Köln begraben. Er befindet sich an der Aachener Straße und ist am besten mit der Straßenbahn zu erreichen (Linie 1). Das efeubewachsene Grab der geschäftstüchtigen Klosterfrau befindet sich ganz in der Nähe der Haltestelle »Melaten« im Schatten der Friedhofskapelle, unweit der Mauer zur Aachener Straße.

Carl Arnold Kortum

In Bochum fand der Arzt, Dichter und Heimatforscher seine letzte Ruhe. Sein Grab kann man im Kortumpark, an der Wittener Straße (B 226) besuchen. Am Rande der Innenstadt, in unmittelbarer Nähe der Bahnunterführung am Hauptbahnhof liegt dieser ehemalige Friedhof. Nur wenige Meter von der vielbefahrenen Wittener Straße entfernt steht das Grabmal Kortums auf einer leichten Anhöhe.

Alfred Krupp

Fährt man von der Villa Hügel aus die Meisenburgstraße entlang und biegt links in die Westerwaldstraße ein, so gelangt man auf einen kleinen Parkplatz des Friedhofs. Folgt man links vom Friedhofsbüro dem Hauptweg bis zum Ende und biegt dann zweimal nach rechts, so sieht man schon den separaten, dezent eingezäunten Krupp-Friedhof. Das Grab Alfred Krupps ist nicht zu übersehen.

Jürgen von Manger

Von Hagen aus gelangt man über die B 54 Richtung Lüdenscheid nach Hagen-Delstern. Hier sind der Friedhof und das Krematorium ausgeschildert. Man muß eine kurze Strecke einen Berg hinauffahren, um zum Eingang zu gelangen. Dort passiert man die Kapelle und geht links cirka 150 Meter bergauf. Oberhalb des Krematoriums, in der zweitletzten Reihe, also nur noch etwa 40 Meter vom Zaun, der den Friedhof nach oben hin abgrenzt, entfernt, findet man den schönen, schlichten Grabstein des genialen Kabarettisten neben dem seiner Mutter Antonia von Manger-König.

Gerhard Mercator

Ein Epitaph in der südlichen Chorkapelle der Salvatorkirche in der Altstadt Duisburgs (15. Jahrhundert, auf den Grundmauern eines romanischen Kirchenbaus errichtet) ehrt den großen Kartographen des 16. Jahrhunderts. Ähnlich wie die meisten Museen ist die Kirche montags nicht geöffnet. In jedem Falle lohnt sich ein Blick auf den Mercatorbrunnen, der sich unmittelbar davor auf dem Burgplatz befindet.

August Oetker

Er liegt neben seinem Sohn auf dem Johannisfriedhof in Bielefeld begraben. Friedhof und Grabstätte sind nur durch den Ostwestfalendamm vom Stammsitz der Firma getrennt. Man wendet sich von der Kapelle dieses landschaftlich schön an einem Hang des Teutoburger Waldes gelegenen Friedhofes - die darunterliegende Schnellstraße und das Firmengelände im Rücken - etwa 150 Meter nach halbrechts; am Rande einer Lichtung weist eine übermannsgroße dunkle Tafel, ein Kreuz symbolisierend, den Weg zu den hinter Rhododendronbüschen liegenden, schlichten flachen Grabsteinen der Familie Oetker.

Robert und Clara Schumann

Die beiden Musiker und Komponisten liegen auf dem romantischen Alten Friedhof in Bonn. Ungefähr 50 Meter vom Eingangstor an der Bornheimer Straße entfernt, vorbei an einer Tafel, die auf zahlreiche weitere Gräber und Persönlichkeiten des 19. Jahrhunderts hinweist, stößt man auf das eindrucksvoll große, weiße, freistehende Grabmal des Ehepaares Schumann.

August und Eduard von der Heydt

Das Erbbegräbnis der prominenten Elberfelder Familie Von der Heydt findet man auf dem Evangelisch-reformierten Friedhof, Hochstraße 13 (nicht zu verwechseln mit dem ev.-luth. Friedhof, Hochstraße 4). Das klassizistische Eingangstor an der Karlstraße mahnt uns: »Selig sind die Todten, die in dem Herrn sterben«. Wir durchschreiten das Tor, halten uns links und finden bereits nach 20 Metern die Grabplatten derer Von der Heydt.

Erwin Sylvanus

In der Nähe des sauerländischen Soest, genauer gesagt in dem Ort Völlinghausen am Möhnesee, wurde der Dichter Erwin Sylvanus bestattet. Auf dem kleinen Friedhof am Kuckucksweg stößt man auf den schlichten Grabstein, wenn man durch den Haupteingang den rechten Weg, vorbei an der Kapelle ca. 25 Meter entlanggeht.

Alfred Rethel

Nördlich der Düsseldorfer Altstadt liegt der Alte Golzheimer Friedhof, heute eine Parkanlage und beliebte Promenade; durchschnitten von der Klever Straße, zerfällt der denkmalgeschützte Friedhof in einen nördlichen und südlichen Teil. An der Ecke Klever Str./Fischerstr., direkt an der U-Bahnstation Klever Straße, befindet sich am Eingang des südlichen Teils eine Anzeigetafel, nach der man die nur wenige Meter entfernte Grabstätte des Historienmalers Alfred Rethel leicht findet. Neben der unscheinbaren, verwitterten Grabplatte liegt die wesentlich kleinere, aber hübschere und noch besser lesbare Tafel mit der Aufschrift »Hier ruht Frau Johanna Rethel, 1782-1857«. Während also seine zwei Jahre vor ihm verstorbene Mutter dicht bei ihm begraben liegt, findet man das Grab seines Bruders Otto Rethel, der gleichfalls Maler war, auf dem nördlichen Teil des Alten Golzheimer Friedhofs.

Literaturhinweise

Hoffmann von Fallersleben

Borchert, Jürgen. Hoffmann von Fallersleben: Ein deutsches Dichterschicksal. Verlag der Nation, Berlin, 1991.

Hoffmann von Fallersleben, August Heinrich. Gedichte und Lieder. Hrsg. von Hermann Wendebourg, Hermann und Annelies Gebert. Hoffmann und Campe, Hamburg, 1974.

Jost, Ingrid Heinrich. Hoffmann von Fallersleben. Stapp, Berlin, 1982.

Pozorny, Reinhard. Hoffmann von Fallersleben: Ein Lebens- und Zeitbild. Türmer-Verlag, Berg, 1982.

Fürstin Amalia von Gallitzin

Brentano, Hanny. Amalie Fürstin von Gallitzin. 2. und 3. Aufl. Herder, Freiburg, 1920.

Dobroschke-Taeschner, Maria. Die Lebenswende der Fürstin Amalia von Gallitzin (Frauen an der Wende von der Aufklärung zur Abklärung, Bd. 3). Selbstverlag, Potsdam, 1935.

Goethe, Johann Wolfgang von. Besuch bei der Fürstin Gallitzin. In: Kleine Geschichten aus Westfalen. Hrsg. von Renate Jostmann. Engelhorn Verlag, Stuttgart, 1988, S. 101-105.

Köhler, Mathilde. Amalie von Gallitzin: Ein Leben zwischen Skandal und Legende. Schöningh, Paderborn, 1993.

Loos, Waltraut. Adelheid Amalia von Gallitzin. In: Westfälische Lebensbilder (Bd. 7). Hrsg. von Robert Stupperich. Aschendorff, Münster, 1979, S. 42-67.

Sudhof, Siegfried. Von der Aufklärung zur Romantik: Die Geschichte des »Kreises von Münster«. Habilitationsschrift. Erich Schmidt Verlag, Berlin, 1973.

Karl der Große

Braunfels, Wolfgang. Karl der Große. Rowohlt, Reinbek, 1972.

Dhondt, Jan. Das frühe Mittelalter. (Fischer Weltgeschichte, Bd. 10). Fischer, Frankfurt am Main, 1968.

Herm, Gerhard. Karl der Große. Econ, Düsseldorf, 1987.

Kalckhoff, Andreas. Karl der Große: Profile eines Herrschers. Piper, München, 1987.

Wies, Ernst W. Karl der Große: Kaiser und Heiliger. Bechtle, München, 1986.

Maria Clementine Martin

Franken, Irene. Köln: Der Frauen-Stadtführer. Kiepenheuer & Witsch, Köln, 1995

Garlet, Günter. Die Klosterfrau und ihre Zeit. (Firmenarchiv). Köln, 1984.

Kellenbenz, Hermann (Hrsg.). Zwei Jahrtausende Kölner Wirtschaft. Bd. 2. Hrsg. im Auftrag des Rheinisch-Westfälischen Wirtschaftsarchivs zu Köln. Greven Verlag, Köln, 1975.

Witting, Petra. Die Klosterfrau Maria Clementine Martin (Köln). In: Francesca Schinzinger/ Angelika Müller Thomas in Verbindung mit der Industrie und Handelskammer Aachen (Hrsg.): Symposium für Unternehmerinnen. Referate eines Symposiums an der RWTH Aachen im November 1988, Aachen, 1988. S. 101ff.

Carl Arnold Kortum

Kleff, Bernhard. Karl Arnold Kortum. In: Westfälische Lebensbilder (Bd. 3). Hrsg. von Aloys Bömer und Otto Leunenschloß. Aschendorff, Münster, 1993, S. 70-90.

Kortum, Karl Arnold. Die Jobsiade. Herausgegeben und mit einem Nachwort versehen von Burkhard Moenninghoff. Reclam, Stuttgart, 1986.

Kortum, Karl Arnold. Die Jobsiade. Ein komisches Gedicht in drei Teilen. Mit einer Einführung von Wilhelm Müller-Rüdersdorf. Verlag Gebrüder Stiepel, o.J.

Dr. C.A. Kortum: Eine Lebensbeschreibung und die erste Ausgabe seines Jobs. Hrsg. vom Kunstverein Bochum e.V. in Zusammenarbeit mit Gebr. Eickhoff, Bochum, von Peter Leo und Erich Schürbusch, 1965.

Schulte, Wilhelm. Westfälische Köpfe: 300 Lebensbilder bedeutender Westfalen. 3.Aufl. Aschendorff, Münster, 1984

Wiechert, Karl. Wie aus Kortums Jobsiade eine Buschiade wurde. In: Wilhelm Busch Jahrbuch (Bd. 69), S. 29-40.

Alfred Krupp

Baedeker, Diedrich. Alfred Krupp und die Entwicklung der Gußstahlfabrik zu Essen. 2. Aufl. Baedeker Verlagshandlung, Essen, 1912.

Engelmann, Bernt. Krupp: Legenden und Wirklichkeit. Franz Schneekluth Verlag, München, 1969.

Manchester, William. Krupp: Zwölf Generationen. Kindler, München, 1968.

Paul, Johann. Alfred Krupp und die Arbeiterbewegung. Schwann, Düsseldorf, 1987.

Schröder, Ernst. Krupp: Geschichte einer Unternehmerfamilie. 2. Aufl. Musterschmidt-Verlag, Göttingen, 1968.

Jürgen von Manger

Hoghe, Raimund. Mensch bleiben im Leben: Jürgen von Manger und sein Adolf Tegtmeier. Die Zeit, 1.1.1982.

Lützeler, Heinrich: Der kluge Spaßmacher. In: Jürgen von Manger: Bleibense Mensch!: Träume, Reden und Gerede des Adolf Tegtmeier. Bertelsmann, Gütersloh, (1966), S. 161-172.

Manger, Jürgen von. Herz und Sprache im Revier: Wie sprechen die Menschen im Ruhrgebiet? Neue Ruhr-Zeitung, 12.10.1963.

Reimpell, Werner. Mensch bleiben muß man im Leben: Jürgen von Manger, der »Qualtinger des Ruhrgebiets«. Neue Ruhr-Zeitung, 30.10.1963.

Rossmann, Andreas. Kultfigur Kumpel. Stimme des Reviers: Zum Tod Jürgen von Mangers. Frankfurter Allgemeine Zeitung, 18.3.1994.

Scherer, Hans. Der Schwerfertige: Zum siebzigsten Geburtstag von Jürgen von Manger. Frankfurter Allgemeine Zeitung, 27.2.1993.

Schmeer, Oliver. Ein Herz fürs Ruhrgebiet: Zum Tode Jürgen von Mangers. Westdeutsche Allgemeine Zeitung, 17.3.1994.

Gerhard Mercator

Gutzeit, Angela. Duisburg will mitbieten: Mercator-Atlas von Europa wird versteigert. Wortprotokoll WDR »Forum West« vom 22.10.96.

Krämer, Karl Emerich. Mercator: Eine Biographie. Mercator-Verlag, Duisburg, 1980.

Sammet, Gerald. Der vermessene Planet: Bilderatlas zur Geschichte der Kartographie. Gruner und Jahr, Hamburg, 1990.

Philipp Apian und die Kartographie der Renaissance. Bayerische Staatbibliothek. Ausstellungskatalog 50. Anton H. Konrad Verlag, Weißenhorn, 1989.

400 Jahre Mercator, 400 Jahre Atlas: Die ganze Welt zwischen zwei Buchdeckeln; eine Geschichte der Atlanten. Zum 400. Todestag Gerhard Mercators anläßlich einer Ausstellung der Bayerischen Staatsbibliothek vom 5. April 1995 bis 1. Juni 1995. Herausgegeben von Hans Wolff im Auftrag der Bayerischen Staatsbibliothek. Anton H. Konrad Verlag, Weißenhorn, 1995.

August Oetker

Engelmann, Bernt. Die Macht am Rhein. Meine Freunde - die Geldgiganten. Franz Schneekluth Verlag, München, 1968.

Nolcken, Berndt Freiherr von. Dr. August Oetker. Vom Leben und Werk des Firmengründers. Hrsg. von der Firma Dr. August Oetker. Gustav Bentrup, Bielefeld, o.J.

Scheibler, Sophie Wilhelmine (Hrsg). Allgemeines deutsches Kochbuch für bürgerliche Haushaltungen; oder gründliche Anweisung, wie man ohne Vorkenntnisse alle Arten Speisen und Backwerk auf die wohlfeilste und schmackhafteste Art zubereiten kann. Carl Friedrich Amelang Verlag, Berlin, 1823.

Das häusliche Glück. Vollständiger Haushaltungsunterrichtnebst Anleitung zum Kochen für Arbeiterfrauen. Hrsg. von einer Commission des Verbandes »Arbeiterwohl«. 11. Aufl. A. Riffardt, München-Gladbach und Leipzig, 1882 (Neu hrsg. von Richard Blank. Rogner & Bernhard, Hamburg, 1975).

Das Buch der Gefolgschaft: Aus der Geschichte der Firma Dr. August Oetkers. Doktor August Oetker. Geschichte 1891-1941. Gundlach, Bielefeld, o.J.

100 Jahre Dr. Oetker. 1891-1991. Hrsg von der Firma Dr. August Oetker. Bielefeld, 1991.

Clara und Robert Schumann

Lépront, Catherine. Clara Schumann: Künstlerleben und Frauenschicksal. Heyne Biographien, München, 1989.

Rauchfleisch, Udo. Robert Schumann: Leben und Werk. Eine Psychobiographie. Kohlhammer, Stuttgart, 1990.

Rehberg, Paula und Walter. Robert Schumann: Sein Leben und sein Werk. Artemis Verlag, Zürich und Stuttgart, 1954.

Weissweiler, Eva. Clara Schumann: Eine Biographie. Hoffmann und Campe, Hamburg, 1991.

August und Eduard von der Heydt

Baum, Marie-Luise. Eduard von der Heydt. In: Marie-Luise Baum (Hrsg.) Wuppertaler Biographien. Beiträge zur Geschichte und Heimatkunde des Wuppertals. Nr. 5, Bd. 11. Born-Verlag, Wuppertal, 1965.

Pröhl, Marga (Hrsg.). Wirkungsvolle Strukturen im Kulturbereich. Zwischenbericht zum Städtevergleich der Kunstmuseen der Städte Bielefeld, Dortmund, Mannheim, Wuppertal. Verlag Bertelsmann Stiftung, Gütersloh, 1996.

Heydt, Eduard von der. August Freiherr von der Heydt. In: Marie-Luise Baum (Hrsg.). Wuppertaler Biographien. Beiträge zur Geschichte und Heimatkunde des Wuppertals. Nr. 2, Bd. 5. Born-Verlag, Wuppertal, 1960.

Goebel, Klaus (Hrsg.). Wuppertal in der Zeit des Nationalsozialismus. 2. Aufl. Peter Hammer Verlag, Wuppertal, 1984.

Erwin Sylvanus

Gödden, Walter. Dichter, Stätten, Literatouren. Ardey, Münster, 1992.

Gödden, Walter. Von den Schwierigkeiten schwieriger Lyrik in schwierigen Zeiten: Ernst Meister, Schmallenberg und der Droste-Preis 1957. In: Walter Gödden (Hrsg.). Literatur in Westfalen. Beiträge zur Forschung Bd. 2, Schöningh, Paderborn, 1994, S. 185-211.

Müller, Hans-Christan. Der Nachlaß Erwin Sylvanus' in der Stadt- und Landesbibliothek Dortmund: Ein Arbeitsbericht. In: Walter Gödden und Winfried Woesler (Hrsg.). Literatur in Westfalen. Beiträge zur Forschung Bd. 1, Schöningh, Paderborn, 1992, S. 245-251.

Sylvanus, Erwin. [Selbstdarstellung]. In: Blätter des Deutschen Theaters in Göttingen. Spielzeit 1958/59. 9. Jahr, Heft 133, S. 62f.

Wiemer, Elisabeth. »Korczak und die Kinder« - Der Welterfolg eines westfälischen Dichters. In: Grabbe-Jahrbuch (Bd. 5) 1986. S. 109-119.

Alfred Rethel

Einem, Herbert von. Die Tragödie der Karlsfresken Alfred Rethels. Köln und Opladen, Westdeutscher Verlag, 1968.

Franke, Willibald (Hrsg.). Alfred Rethels Zeichnungen. Benjamin Harz Verlag, Berlin, (o.J.)

Koetschau, Karl. Alfred Rethels Kunst vor dem Hintergrund der Historienmalerei seiner Zeit. Verlag des Kunstvereins für die Rheinlande und Westfalen, Düsseldorf, 1929.

Neidhardt, Hans Joachim. Deutsche Malerei des 19. Jahrhunderts. E.A. Seemann Verlag, Leipzig, 1990.

Ponten, Josef. Studien über Alfred Rethel. Deutsche Verlagsanstalt, Stuttgart und Berlin, 1922.

Theissing, Heinrich. Kunstakademie Düsseldorf - Vornehmster Ruhmestitel. In: Helga Meister: Kunst in Düsseldorf. Kiepenheuer & Witsch, Köln, 1988.